JORNADAS 107

EL COLEGIO DE MÉXICO

CENTRO DE ESTUDIOS SOCIOLÓGICOS

PETER S. CLEAVES

Las profesiones y el Estado: el caso de México

JORNADAS 107
EL COLEGIO DE MÉXICO

Primera edición, 1985

Impreso y hecho en México/*Printed in Mexico*

ISBN 968-12-0311-9 (versión original)
978-968-120-311-5 (versión facsimilar)

Con amor,

a Goeffrey y Rachel

ÍNDICE

ÍNDICE DE CUADROS Y FIGURAS

Cuadros

Figuras

PREFACIO

En este libro se estudian las tendencias históricas de las profesiones en México, en especial sus implicaciones para la política nacional. El análisis abarca principalmente a la medicina, el derecho, la agronomía, la ingeniería petrolera y la economía. Esta selección se hizo deliberadamente para incluir aquellas profesiones que desempeñan un papel activo en el Estado. Uno de los objetivos del libro es determinar hasta qué punto la consolidación de estas profesiones les ha permitido influir en las políticas públicas. Otro objetivo es descubrir de qué manera la naturaleza del sistema político mexicano ha afectado la evolución del profesionalismo en México. Finalmente, un tercer objetivo del libro es exponer ante el lector no especializado las características más sobresalientes de estas profesiones, como por ejemplo sus diferencias ideológicas, la forma en que se desempeñan como asociaciones voluntarias, las estrategias que adoptan los profesionistas para lograr ascender en una carrera, o la capacitación profesional a nivel nacional e internacional.

Este libro será exitoso si despierta en el lector una inquietud por un tema apasionante. Mi propio interés deriva de una década de colaboración con latinoamericanos en el fomento de grupos profesionales en el continente. Mientras trabajaba con la Fundación Ford, observé temprano que el "profesionalismo" se desarrolla de una manera diferente en América Latina que en Estados Unidos y en Gran Bretaña. Me di cuenta de que no existe un modelo de desarrollo de las profesiones que pueda explicar adecuadamente patrones en actual surgimiento, de que la mayoría de las creencias relacionadas con el valor de la formación profesional giran en torno a hipótesis relativamente simplistas, y de que era necesario examinar el desarrollo de las profesiones desde un punto de vista sociológico y político. Los profesionistas representan un subgrupo privilegiado en las sociedades del Tercer Mundo, y crece la importancia de su participación en las esferas políticas y burocráticas para la elaboración y la implantación de las políticas. El profesionalismo es un tema del que se han ocupado poco los estudiosos del cambio en el Tercer Mundo, y es notoria la ausencia de datos cuantitativos confiables sobre él. El reducido tamaño de esta obra da prueba de que su contenido no pretende ser definitivo. Intenta empezar a llenar un vacío en la literatura sociológica y estimular la realización de otros estudios que ahonden en el tema de las profesiones tanto en México como en otros lugares.

Parte de la información de este libro se reunió durante varias entrevistas privadas con miembros de las cinco profesiones ya mencionadas. La muestra, un total de 43 personas, no se seleccionó científicamente, como lo demuestra el hecho de que todas las entrevistas hayan sido realizadas en la ciudad de México. Muchos de los entrevistados ocupan o habían ocupado puestos de liderazgo y gozaban de gran respeto dentro de su medio profesional. Todos ellos se han desempeñado en el sector público o a nivel universitario, y hablaron con franqueza de los retos y obstáculos de sus profesiones, en parte porque se les ofreció que sus comentarios permanecerían en el anonimato. Contribuyó también a la elaboración de este trabajo la literatura comparativa sobre las profesiones. Desafortunadamente, hay muy pocos análisis detallados de las profesiones en América Latina y en los países del Tercer Mundo en general. La mayor parte de las investigaciones realizadas se valen de ejemplos tomados de Gran Bretaña y Estados Unidos. Los pocos documentos existentes sobre el papel profesional y técnico en los sistemas relativamente centralizados, como los de Europa continental y del este, resultaron una gran ayuda para entender el caso mexicano. Este estudio puede sugerir nuevos temas relacionados con el desarrollo de las profesiones en otros contextos y señalar algunos métodos de análisis para otros países.

Quedo en deuda con todas las personas y las instituciones que me ayudaron en la preparación de este libro. Las personas entrevistadas contribuyeron generosamente con su tiempo y sus interpretaciones, y me permitieron citar sus comentarios textualmente en este libro. Varios profesionistas y científicos mexicanos leyeron el manuscrito y me ayudaron a corregir errores y mejorar la versión final. Agradezco de manera especial a Pablo Latapí, Emilio Alanís, Viviane Márquez, Roderic Camp, Eliot Freidson, y Larissa Lomnitz. Personalmente, siempre asociaré este libro con Rainer Godau, fuente de inspiración en las primeras etapas de su preparación, cuyo trágico fallecimiento es una pérdida irreparable para familiares, amigos y colegas. La Fundación Ford en México me proporcionó apoyo logístico mientras investigaba y escribía la primera versión del manuscrito. Judith Kandel y María Teresa de M., prepararon la traducción. Araceli Marín de Koeck y Luz María Montaño mecanografiaron pacientemente las notas de entrevistas y varios borradores, y fueron de gran ayuda en la localización de fuentes bibliográficas. Durante más de un año, mi esposa Dorothy y mis hijos comprendieron casi siempre la necesidad de utilizar mi tiempo libre para concentrarme en el proyecto, por eso dedico este libro con amor y agradecimiento a mis hijos, Goeffrey y Rachel.

Sin embargo, ninguna de las personas o las instituciones mencionadas comparte la responsabilidad por los errores involuntarios, reales o de apreciación, de que pueda adolecer el libro. En este sentido, la responsabilidad total es mía.

P.S.C.
Chicago, Illinois

LISTA DE ACRÓNIMOS

AMEAS	Asociación Mexicana de Educación Agrícola Superior.
ANUIES	Asociación Nacional de Universidades e Institutos de Educación Superior.
CEPAL	Comisión Económica para América Latina.
CIMMYT	Centro Internacional de Mejoramiento de Maíz y Trigo.
CONACYT	Consejo Nacional de Ciencia y Tecnología.
CONASUPO	Compañía Nacional de Subsistencias Populares.
CTM	Confederación de Trabajadores de México.
DIF	Desarrollo Integral de la Familia.
ENA	Escuela Nacional de Agricultura.
ENE	Escuela Nacional de Economía.
FMI	Fondo Monetario Internacional.
GATT	General Agreement on Tariffs and Trade (Acuerdo General sobre Aranceles y Comercio Internacional).
ILPES	Instituto Latinoamericano de Planificación Económica y Social.
IMCE	Instituto Mexicano de Comercio Exterior.
IMP	Instituto Mexicano del Petróleo.
IMSS	Instituto Mexicano del Seguro Social.

INIA	Instituto Nacional de Investigación Agrícola.
ISSSTE	Instituto de Seguridad y Servicios Sociales para los Trabajadores del Estado.
ITAM	Instituto Tecnológico Autónomo de México.
ITESM	Instituto Tecnológico de Estudios Superiores de Monterrey.
NAFINSA	Nacional Financiera, S.A.
OCDE	Organiación de Cooperación y Desarrollo Económico.
PEMEX	Petróleos Mexicanos.
PNUD	Programa de las Naciones Unidas para el Desarrollo.
PRI	Partido Revolucionario Institucional.
SAHOP	Secretaría de Asentamientos Humanos y Obras Públicas.
SAM	Sistema Alimentario Mexicano.
SARH	Secretaría de Agricultura y Recursos Hidráulicos.
SDN	Secretaría de la Defensa Nacional.
SEPAFIN	Secretaría de Patrimonio y Fomento Industrial.
SAA	Secretaría de Salubridad y Asistencia.
UDUAL	Unión de Universidades de América Latina.
UNAM	Universidad Nacional Autónoma de México.
UNESCO	United Nations Educational, Scientific, and Cultural Organization. (Organización de las Naciones Unidas para la Educación, la Ciencia y la Cultura).

LAS PROFESIONES EN MÉXICO: ASPECTOS COMPARATIVOS

El desarrollo económico ha conducido en México a una extensa división del trabajo. En consecuencia, dentro de la estructura ocupacional han proliferado las especializaciones profesionales, y han surgido nuevos tipos de profesionistas en los altos puestos de mando. Mientras que en 1944 se reconocían oficialmente 23 profesiones en la Ley Federal de Profesiones, este número llegó a 66 después de la reforma de dicha ley en 1973, que incluía disposiciones relativamente liberales para futuros aumentos. El título "profesionista" se refiere a sinnúmero de posiciones que hasta un pasado reciente eran ocupadas por "técnicos" o "maestros", o simplemente no existían. Los estudiantes acuden en masa a inscribirse a las universidades y se gradúan en cantidades récord. Los que contratan a los profesionistas se quejan de la mala preparación académica y técnica de los graduados, cuyo número excede mucho al de las ofertas de trabajo. Sin embargo, a pesar del deterioro de la calidad académica, hay todavía quienes sobresalen en los campos tradicionales del derecho, la medicina y la ingeniería, y llegan a ocupar posiciones de liderazgo nacional.

Desde la década de los cuarenta los abogados han predominado en el liderazgo nacional y han ocupado las posiciones más altas en el gabinete y en el Partido Revolucionario Institucional (PRI). Desde Miguel Alemán hasta Miguel de la Madrid, seis de siete presidentes del país han sido abogados. Últimamente, profesionistas con otro tipo de preparación han logrado romper el monopolio de los abogados en sus áreas de especialización. Durante el régimen de López Portillo, por ejemplo, los economistas desplazaron casi por completo a los abogados en las instituciones monetarias y financieras del país, y los agrónomos y los científicos sociales y físicos lograron promoverse hacia posiciones más altas en dependencias gubernamentales de su especialidad. Algunos analistas pueden considerar que esta tendencia viene a ser un detalle sutil frente a otras cuestiones políticas clave que preocupan hoy en día a la nación, tales como el desarrollo petrolero, la deuda externa, la urbanización, la producción de alimentos, el empleo y las relaciones internacionales. Este libro sostiene que el desarrollo de las profesiones y la consolidación del Estado en México son fenómenos interdependientes.

Comparaciones históricas contrastantes

El desarrollo económico mexicano ha sido esencialmente de tipo capitalista, con la ayuda del Estado, quien proporcionó apoyo financiero y control político sobre los trabajadores.[1] Sin embargo, el desarrollo de las pro-

[1] El debate sobre la definición de Estado es extenso. En este libro, la noción de Estado es pragmática y se refiere al liderazgo político y a las organizaciones públicas. Se considera que la sociedad civil está compuesta por clases, grupos e individuos que, en diversos grados, colaboran con el Estado, reciben un beneficio

fesiones no se ha comportado en México de igual manera que en otras sociedades capitalistas, tales como la de Estados Unidos y la de Gran Bretaña, a las que se refiere la mayor parte de la literatura existente en el campo de la sociología de las profesiones.[2] Estos escritos pueden sugerir útiles temas de estudio, pero no son confiables tratándose de predecir el comportamiento de las profesiones en México.[3]

---

del mismo y cuestionan su funcionamiento. Para un análisis completo de estos conceptos, ver Alfred C. Stepan, *State and Society*, Princeton: Princeton University Press, 1978, capítulo 1. En cuanto a su utilidad para analizar la formulación de políticas y el aparato estatal, incluyendo el concepto de autonomía relativa del Estado, ver Peter S. Cleaves y Martin J. Scurrah, *Agriculture, Bureaucracy and Military Government in Peru*, Ithaca, Nueva York: Cornell University Press, 1980, capítulos 1 y 8. Una discusión general del sistema político mexicano se encuentra en Roger D. Hansen, *The Politics of Mexican Development*, Baltimore: John Hopkins University Press, 1971).

2 Los trabajos más importantes incluyen: Alexander Morris Carr-Saunders y P.A. Wilson, *The Professions*, Londres: Oxford University Press, 1933; Talcott Parsons, "Professions", en David L. Sills (comp.), *International Encyclopedia of the Social Sciences*, Nueva York: Cowell, Collier and Macmillan, 1968, pp. 536-547; Terence J. Johnson, *Professions and Power*, Londres: Macmillan, 1972; Goeffrey Millerson, *The Qualifying Associations*, Londres, Routledge and Kegan Paul, 1964, y Magali Sarfatti Larson, *The Rise of Professionalism*, Berkeley: University of California Press, 1977.

3 Eliot Freidson señala que el término "profesión se encuentra intrínsecamente ligado a un periodo peculiar de la historia y a un número limitado de naciones en ese periodo de la historia". Ver "The Theory of Professions: State of the Art", en Robert Dingwell and Philip Lewis (comps.), *The Sociology ot the Professions: Doctors, Lawyers, and Others*, Nueva York: St. Martin's Press, 1982, p. 26. Algunos de los pocos estudios de las profesiones en México son: Pablo Latapí, "Profesiones y sociedad",

Las razones son múltiples. En primer término, la consolidación del Estado mexicano fue anterior al desarrollo de las profesiones. En la Inglaterra del medievo, las profesiones tuvieron su origen en los gremios y las corporaciones, que, aunque estaban reconocidos oficialmente por el Estado, gozaban de una autonomía considerable para mantener las normas técnicas y controlar el empleo. Los *Inns of Court** florecieron en el siglo XV, y el *London's Royal College of Physicians* certificaba a los médicos en el siglo XVI, lo que significa que los abogados y los médicos contaban con asociaciones profesionales en Gran Bretaña mucho antes de las reformas centralizadoras de Cromwell.[4] Aunque el nivel de actividad de estas asociaciones variaba, y en ocasiones era francamente nulo, lo temprano de su formación tuvo

---

artículo sin publicar, Prospectiva Universitaria, 1982; Isidoro del Camino y Jorge Muñoz B., "La enseñanza profesional en México en 1970", *Revista del Centro de Estudios Educativos,* 2 (3) pp. 125-165 (1972); Ingrid Rosenblüeth, "Dependencia tecnológica e involución profesional: la industria y la ingeniería química en México", *Relaciones: Estudios de Historia y Sociedad,* I (1). (invierno de 1980), y Guillermo Villaseñor García, "Una visión estructural de la institución profesional", *Revista del Centro de Estudios Educativos,* 8 (3) pp. 137-162 (1978).

* Nota del traductor: gremios de abogados que preparaban candidatos en la profesión jurídica.

4 Ver Carr-Saunders y Wilson, *The Professions,* p. 307. Millerson señala que, inicialmente, las profesiones en Gran Bretaña se encontraban estrechamente ligadas a la iglesia. "Todo aquel que deseara ingresar o promoverse en estas ocupaciones (médicos, abogados, secretarios, agrimensores, arquitectos, maestros y diplomáticos) pasaba automáticamente a tomar las órdenes sacerdotales mayores o menores." La última profesión que se secularizó fue la de maestro universitario, debido a la fuerte influencia eclesiástica en la educación superior. Ver Millerson, *The Qualifying Associations,* pp. 16-17.

consecuencias muy claras. A medida que el Estado adquirió mayor importancia, los grupos profesionales mantuvieron el control de los preceptos legales que regían sus respectivos campos, y con frecuencia retuvieron el derecho de certificar el ejercicio profesional de los individuos. Estados Unidos siguió el ejemplo de Gran Bretaña, y las asociaciones profesionales estadounidenses han ejercido a menudo una mayor influencia en las políticas nacionales que las entidades federales correspondientes.

En la península ibérica y por extensión en Hispanoamérica, los gremios no evolucionaron hacia entidades comerciales, educativas o industriales independientes, sino hacia estructuras corporativas de mayor envergadura que en la Edad Media. Estas jerarquías funcionales permanecieron ética y políticamente supeditadas a la Corona y, más tarde, al Estado. En México, la consolidación del Estado moderno después de la revolución de 1910 excluyó toda pretensión de los médicos, los abogados y los ingenieros por establecer agrupaciones profesionales independientes. Las profesiones no propusieron proyectos específicos para el desarrollo nacional basados en sus respectivas especializaciones o en sus intereses; en lugar de eso, las profesiones se incorporaron al Estado a medida que éste se desarrolló, y contribuyeron con sus habilidades específicas a un modelo consensual de desarrollo nacional, pero sin aportar una definición única de dicho modelo. Más adelante, cuando el número de profesionistas creció en la posguerra, se hizo más difícil la tarea de articular criterios profesionales sobre el papel del Estado, puesto que éste se encontraba ya hegemónicamente afianzado.

En segundo término, el aparato estatal es la fuente de trabajo empleador más importante para los profesionistas mexicanos, incluidos los abogados, los médicos, los agrónomos y los ingenieros en sus diversas ramas.[5] No todos los profesionistas en Gran Bretaña y Estados Unidos ejercen en forma privada. Según su campo de acción, trabajan por cuenta propia, en grupos de consultoría, o para instituciones públicas. Sin embargo, los grupos predominantes se encuentran en el sector privado y/o trabajan bajo el mando de profesionistas en posiciones de dirección. Los debates en el seno de las profesiones giran en torno a las barreras para ingresar a la universidad, las relaciones con el cliente, la estipulación de honorarios y el cabildeo. Los profesionistas se valen del éxito en las relaciones con sus clientes para acrecentar su influencia política; intercambian una competencia legítima por una mayor influencia en las decisiones públicas y alcanzan la cumbre cuando su reputación es relativamente respetable y la sociedad depende de sus servicios. Dispersos geográficamente y con una clientela relativamente atomizada, estos profesionistas se autoregulan a fin de mantener su *status* y sus ingresos, y movilizan su poder en forma colectiva a fin de preservar un clima favorable para sus operaciones.

Cuando los profesionistas trabajan principalmente para organizaciones y éstas pertenecen al aparato estatal,

[5] Con base en un análisis empírico del empleo de profesionales en México, Adrián Lajous Vargas encontró que, en 1967, 21.43% de los profesionales del sector servicios trabajaba en el gobierno. Ver, del mismo autor, *Aspectos de la educación superior y el empleo de profesionistas en México 1959-1967,* tesis de licenciatura, Escuela Nacional de Economía, 1967, p. 89. Eliseo Mendoza Berrueto, durante sus funciones como subsecretario de Educación Superior y de Investigación Científica de la Secretaría de Educación Pública, predijo que el número de profesionistas aumentaría de 700 mil en 1981 a cerca de 2 millones en 1990 *(Unomásuno,* 11 de junio de 1981).

como sucede con México, la configuración de los incentivos es diferente. En este caso, los profesionistas trabajan al mando de administrativos en vez de contratarlos para que resuelvan asuntos de rutina. Pasan al primer plano las cuestiones burocráticas, tales como las relaciones con los jefes de "line",* quienes tienden a despreciar los hábitos de trabajo y las normas de excelencia de los profesionistas.[6] En ocasiones, los profesionistas se afilian a sindicatos para tratar de defender sus intereses dentro de la burocracia. El principal grupo de referencia no es el usuario, quien no paga por los servicios ni puede ayudar a impulsar una carrera profesional. Los usuarios son aliados de poca utilidad para proteger a los profesio-

* Nota del traductor: la diferencia entre "line" y "staff" que no tiene traducción exacta en castellano denota la diferencia entre el personal directamente involucrado en la elaboración del producto final que se ofrece al mercado (producción, mercadeo, ventas) y las actividades de asesoría, investigación, etc., que constituyen instrumentos para la toma de decisiones y suelen situarse fuera de la jerarquía formal de una empresa. Es en estas últimas actividades que suelen dominar los profesionistas.

6 Incluso en Gran Bretaña y Estados Unidos, Freidson previene contra la idea de que las profesiones son "colectividades de individuos independientes totalmente autónomos y altamente prestigiosos que pueden hacer prácticamente lo que les plazca. (. . .) Una concepción tan incompleta no es coherente a nivel analítico ni relevante a nivel empírico, ni siquiera como tipo ideal, para la mayoría de las profesiones desde el siglo XIX". Ver "The Changing Nature of Professional Control", *Annual Review of Sociology*, 10, p. 18 (1984). Sobre el control burocrático, ver Howard M. Vollmer y Donald L. Mills (comps.), *Professionalization*, Englewood Cliffs, Nueva Jersey: Prentice-Hall, 1966, en especial el capítulo de W. Richard Scott, "Professionals in Bureaucracy: Areas of Conflict, pp. 266-276. Asimismo, Corrine Lathrop Gilb, *Hidden Hierarchies: The Professions and Government*, Nueva York: Harper & Row, 1967, y A.G. Fielding y D.

nistas, puesto que, en su calidad de solicitantes de servicios, reciben con frecuencia un trato poco generoso dentro de la burocracia. En consecuencia, los profesionistas establecen alianzas con los que detentan el poder dentro de la organización. Dado que el Estado es el que emplea, buscan apoyo entre los altos puestos administrativos, políticos y legislativos. En tales circunstancias, su poder de regateo se deteriora y su independencia profesional está sujeta a múltiples transacciones.

En tercer lugar, los profesionistas mexicanos no suelen ser los autores de su propia tecnología. En los países altamente industrializados, la vasta investigación pública y universitaria, combinada con eficaces sistemas de información, permite a las profesiones innovar técnicas y crear enfoques tecnológicos enteramente nuevos para sus campos. En épocas pasadas, los clérigos, los arquitectos y los ingenieros de Europa, el centro del mundo en aquella época, difundían su saber a través de sus propias sociedades y en su periferia.[7] En la era

Portwodd, "Professions and the State – Towards a Typology of Bureaucratic Professions", *Sociological Review*, 28 (1) pp. 23-53 (febrero de 1980). Terence Johnson, en *Professions and Power*, introdujo el concepto de "heteronomía", que se refiere a la mediación del Estado para eliminar, tanto de la ocupación como de su cliente, la autoridad para determinar el contenido de la misma y la forma de ejercerla. Eliot Freidson difiere un tanto de Johnson al señalar que el control "sobre los términos y condiciones del trabajo se ve ciertamente debilitado por el hecho de ser un empleado y no un individuo independiente dentro de un mercado favorable. Sin embargo, el control sobre el contenido del trabajo no necesariamente se debilita tanto". Ver *The Professions and their Prospects*, Beverly Hills, California: Sage Publications, 1973, p. 36.

7 Para una descripción general de este fenómeno, ver Immanuel Wallerstein, *The Modern World System*, Nueva York:

moderna, los científicos en agricultura y medicina, que han logrado notables avances en Estados Unidos y Europa occidental, han visto cómo sus técnicas penetran en las comunidades profesionales a nivel mundial. La estima en que se tiene a las clases profesionales en todo el mundo ayuda a legitimar la autonomía de las profesiones dentro de sus propios límites nacionales, incluso en sistemas altamente centralizados. La violación de las prerrogativas profesionales es menos frecuente cuando la comunidad académica correspondiente puede declararse merecedora de premios Nobel o adjudicarse importantes descubrimientos teóricos. En tales circunstancias, los nacionalistas aprecian los valores de los profesionistas y es menos probable que menoscaben sus aspiraciones de autonomía.

En México, la situación es realmente opuesta. Con excepción del campo del derecho, que es *a priori* un logro nacional, las profesiones son altamente dependientes del conocimiento desarrollado en el extranjero. Por supuesto, esta dependencia no es uniforme, y algunos profesionistas mexicanos han hecho importantes contribuciones al pensamiento internacional en sus respectivos campos. Sin embargo, en virtud de la realidad económica, la mayor parte de la investigación y desarrollo en medicina, ingeniería, agronomía y economía tiene lugar

Academic Press, 1974. El desarrollo de las profesiones en muchos de los países del Tercer Mundo ha sido un resultado de las universidades, las asociaciones y las normas de profesionalismo en las instancias metropolitanas. Un estudio ilustrativo es el de Terence J. Johnson y Marjorie Caygill, *Community in the Making: Aspects of Britain's Role in the Development of Professional Education in the Commonwealth,* Londres: Universidad de Londres, Institute of Commonwealth Studies, 1972.

en los países más ricos, que pueden permitirse tales lujos. Algunos profesionistas en México tienen una orientación internacionalista porque consideran que es necesario estar al tanto de los nuevos desarrollos y darles cabida en sus propias prácticas. Con frecuencia surgen subgrupos que pugnan por reconciliar su orientación profesional con las necesidades concretas de la nación. Si bien sus enfoques suelen ser técnicamente inferiores, pueden alcanzar un reconocimiento igual o superior al de aquellos cuya capacitación y rigor técnico se ajusta a lineamientos internacionales. Algunos nacionalistas menosprecian el trabajo de sus colegas internacionalistas por obedecer a una inspiración extranjera. La división entre ambos tipos de profesionales puede ser mordaz y sus conflictos pueden dañar su reputación en la sociedad.

En cuarto lugar, en México hay múltiples asociaciones profesionales en competencia. Las principales profesiones en Gran Bretaña y Estados Unidos han creado asociaciones profesionales que tienden a la monopolización de sus funciones representativas. Entre éstas se encuentra el *Institute of Civil Engineers* (fundado en 1818), la *British Medical Association* (1832), la *American Dental Association* (1840) y la *American Medical Association* (1847).[8] Las circunstancias históricas que precedieron la fundación de estas agrupaciones fueron diferentes en cada caso. Con frecuencia nacieron de un intento por unificar grupos o sociedades menores que aplicaban criterios muy diversos para certificar el ingreso a la profesión. Si bien estos esfuerzos de organización fueron acompañados de un acto de legislación nacional,

[8] Larson, *The Rise of Professionalism*, p. 246; Millerson, *The Qualifying Associations*, pp. 246-258.

las asociaciones no dependieron del Estado. Incluso en sus inicios, las agrupaciones profesionales fueron las promotoras de leyes que estimularon la realización de subsecuentes esfuerzos de cabildeo. Las asociaciones proporcionan a sus miembros importantes servicios tales como revistas, conferencias, mecanismos para la resolución de conflictos, difusión de nuevas técnicas y, en la mayoría de los casos, ya sea directa o indirectamente, otorgamiento de licencias profesionales. Además, mientras que un profesionista puede hacerse miembro de una asociación complementaria o más especializada, mantiene su afiliación a la institución primaria en el campo. Casi nunca dos o más asociaciones profesionales a nivel nacional se disputan la participación de los mismos miembros.

Si bien muchas de las asociaciones mexicanas han desempeñado un papel sobresaliente, sus funciones son muy diferentes de las de sus contrapartes en Europa y Estados Unidos. En México, es muy poco lo que ofrecen a sus miembros como para mover a la lealtad o crear dependencia. De acuerdo con la Ley de Profesiones, su competencia se limita a asuntos secundarios tales como colaborar con las universidades para elaborar programas de estudio, organizar conferencias y proponer niveles de honorarios.[9] No tienen ninguna autoridad para mantener el nivel de competencia o certificar el grado de calificación profesional. Muchas asociaciones se convierten en un medio para que ambiciosos funcionarios públicos (con un título profesional incidental) obtengan puestos

9 México, *Secretaría de Educación Pública, Ley de Profesiones (reformas),* México: Dirección General de Información, 1974.

honoríficos con la esperanza de sobresalir y conseguir altos puestos en la burocracia. Con cada cambio de gobierno surgen nuevas asociaciones, de tal forma que un mayor número de aspirantes pueden proclamarse dirigentes de una asociación nacional en su campo. La manipulación de estos puestos desanima a otros profesionistas de su intento de participar en asuntos relacionados con asociaciones.

En quinto lugar, las profesiones en México no cuentan con mecanismos formales para impedir el acceso a la práctica, certificar el nivel de competencia o expulsar a los no calificados. Los exámenes son un requisito común en Estados Unidos y Europa, donde se exige a los abogados, los médicos, los ingenieros, los dentistas y los farmacéuticos que se sometan al visto bueno de jurados nacionales o regionales para poder ejercer legalmente sus profesiones. La aplicación de estos exámenes está a cargo de las asociaciones profesionales respectivas o del Estado. Cuando es el Estado el que se hace cargo, las asociaciones profesionales suelen estar bien representadas en el jurado examinador. Los exámenes tienden a exigir más que los requerimientos necesarios para graduarse en las universidades más importantes del campo, y muchos estudiantes fracasan en ellos más de una vez. En caso de incompetencia profesional o de moral reprobable, existen mecanismos para anular la cédula de trabajo. En algunas especialidades se exige a los profesionistas que presenten exámenes periódicos certificados que aseguran su actualización.

En México, un título universitario basta para certificar que una persona es competente para ejercer una profesión. Una vez que el programa académico de una universidad pública o privada está autorizado, sus graduados están calificados para obtener la cédula profesional, la cual es otorgada automáticamente por el Registro Federal de Profesiones de la Secretaría de Educación Pública (por supuesto, con frecuencia son necesarios también algunos requisitos adicionales para poder ejercer la profesión, como por ejemplo el permiso de construcción para los ingenieros civiles). Los criterios para autorizar planes universitarios en instituciones de educación superior no son muy estrictos. En consecuencia, existen por lo menos 46 facultades en medicina, 42 en derecho, 58 en ingeniería y 38 en agronomía, muchas con bibliotecas y laboratorios mal dotados, con pocos profesores de tiempo completo y con normas de calidad muy pobres. Las políticas de admisión abierta en las universidades públicas han conducido a una "masificación" del cuerpo estudiantil y a una seria sobreproducción de muchos tipos de profesionistas, que rebasa con mucho la capacidad de absorción del mercado. El Registro General de Profesiones no ha consignado un solo caso en el que se haya anulado la cédula profesional por incompetencia demostrada. En suma, las restricciones para ingresar a la universidad, para recibirse y ejercer una profesión son poco rigurosas. La mayor parte de los mecanismos de control son de carácter económico: se reducen a la posibilidad de las familias de ayudar económicamente a sus hijos durante sus estudios y a la capacidad de la economía nacional de ofrecer más empleos para tantos profesionales que buscan trabajo.

En sexto lugar, el prestigio profesional es menos estable en México que en aquellas sociedades donde las profesiones se consolidaron antes del siglo XX y a las que el acceso, hoy en día, es muy limitado. En Estados Unidos y Gran Bretaña, los líderes profesionales surgieron de las esferas aristocráticas partidarias de la modernización, y esa condición confirió *status* a sus ocupaciones.

Las profesiones tradicionales tuvieron que sortear una serie de intentos periódicos para destruir su legitimidad. La jerarquización del prestigio de cada profesión es constante e independiente de la clase social, la ubicación geográfica o el momento histórico.[10]

En México, las profesiones que han gozado de mayor tradición desde la época colonial han sido el clero, la milicia, el derecho y la medicina. La imagen de dos de éstas se ha deteriorado en el siglo XX. La doctrina del Estado denigra a los sacerdotes y discrimina a los militares. El prestigio profesional de estos campos es ambiguo (incluyendo el del derecho, que tiene implicaciones de corrupción). Mientras que la palabra "profesionista" evoca una imagen positiva en los grupos de las clases populares que aspiran a una movilidad, estos grupos parecen tanto mistificados por las sutiles diferencias de *status* entre economistas e ingenieros como los zapateros y conserjes lo hacen respecto de la élite.[11] El prestigio

10 En un estudio comparativo de 51 países, Donald Treiman encuentra que "hay un consenso casi general en todo el mundo en relación con el prestigio de las ocupaciones (. . .) (L)as personas de todos los estilos de vida, ricas y pobres, con educación o ignorantes, de la ciudad o del campo, hombres y mujeres, jerarquizan el prestigio de la misma manera". Ver Treiman, *Occupational Prestige in Comparative Perspective,* Nueva York: Academic Press, 1977, pp. 96-97. Los precursores de su trabajo en Estados Unidos son Peter M. Blau y Otis Dudley Duncan, *The American Occupational Structure,* Nueva York: John Wiley, 1967. El primer autor tiende a hacer caso omiso de sus propios datos que sugieren diferencias relevantes de un país a otro.

11 Al parecer, sólo se ha realizado un estudio sobre el prestigio ocupacional en México. Ver S. Jeffrey K. Wilkerson, "Occupational Prestige in Mexico as Perceived by College Students", *Human Mosaic,* 2, pp. 56-64 (otoño de 1967). La comparación de estos pocos datos con la escala de prestigio de Treiman indica

de las profesiones en México parece depender de la región, del momento (por ejemplo, varía según si el gobierno en turno otorga prioridad a las obras públicas o a los asuntos financieros) y de las personas mismas, cuya opinión de la profesión se basa a menudo en el contacto personal que hayan tenido con uno solo profesionista. El acceso fácil a los títulos profesionales y el elevado nivel de desempleo en algunos campos son factores que confunden aún más las variables de *status*. La muestra de élites profesionales entrevistadas para esta obra clasificó la medicina como el campo de mayor prestigio, seguido de la ingeniería, el derecho, la arquitectura, la economía y la agronomía.[12] Sin embargo, los mismos profesionis-

---

que las ocupaciones cuya calificación resultó inferior al promedio internacional correspondiente son las de funcionario militar, soldado, sacerdote (debido al estigma plasmado en ellos por la idiosincrasia revolucionaria), congresistas (por ineficiencia) y policías (por abuso de poder y/o corrupción). Los campos que arrojaron un prestigio superior al promedio son los representados por el maestro de escuela (responsable de propagar el nacionalismo), el cartero y los trabajadores de caminos y los obreros (que perciben un ingreso relativamente elevado si se considera que requieren un mínimo de calificación). Ver también María Luisa Rodríguez Sala de Gomezgil, *El científico en México: su imagen entre los estudiantes de enseñanza media*, México: UNAM, 1977.

12 De 16 entrevistados, 14 colocaron a la medicina en el primer lugar (10) o en el segundo (4), y casi todos estuvieron de acuerdo en que la medicina goza de un *status* preponderante en la sociedad mexicana. Hubo 11 que colocaron a la agronomía en el último lugar (6) o en el penúltimo (5), lo que muestra la opinión desfavorable que al menos este grupo de entrevistados, radicados en la ciudad, tenía de la agronomía. La economía y la agronomía fueron los únicos campos que no fueron colocados nunca en primer lugar, ni siquiera por miembros de estas dos profesiones.

tas entrevistados se mostraron con frecuencia en desacuerdo acerca de los criterios para determinar el prestigio profesional y las deferencias que merecen los diversos subcampos dentro de sus propias disciplinas.[13] Los comentarios críticos entre colegas acerca de su nivel de competencia es algo que quebranta la unidad profesional y perjudica su búsqueda de respeto social.

Planteamientos teóricos

De lo anterior se desprende que las hipótesis generales concernientes al desarrollo de las profesiones en Inglaterra y Estados Unidos no siempre son adecuadas para el caso de México. La literatura sobre el tema sostiene que, en general, cuanto más consolidada está la organización del grupo profesional y mayor es la dependencia de la sociedad con respecto a sus capacidades, mayores son también las oportunidades de las profesiones para aumentar su influencia política, su *status* social y su nivel económico.[14] A estas proposiciones puede atribuírseles el falso calificativo "de validez universal"; aunque evidentes por sí mismas, no pueden considerarse como "universalmente aplicables", ya que las asociacio-

[13] Si bien los médicos, los economistas, los ingenieros petroleros y los agrónomos clasificaron de manera similar cada una de las profesiones (incluyendo la suya propia), no estuvieron de acuerdo en cuanto a derecho, que fue clasificado en todos los niveles. Los médicos y los ingenieros petroleros lo colocaron en el tercer lugar de la lista, lo que corresponde al promedio. Los economistas lo colocaron en primer lugar y los agrónomos en el último. De esto se deduce que el prestigio de la profesión de derecho es fluctuante.

[14] Philip Elliot, *Sociología de las profesiones*, Madrid: Editorial Tecnos, 1972, p. 23.

nes profesionales consolidadas, los obstáculos a la incorporación de miembros, las normas comunes y las garantías mínimas de autonomía no existen en muchas sociedades, entre ellas la de México.

¿Puede México asegurar que tiene profesiones si estos atributos de la vida profesional son inexistentes? Esta pregunta no es trivial. La literatura sociológica de los años cincuenta y sesenta está llena de descripciones de las características funcionales de las profesiones. En esos escritos, una profesión es una ocupación que requiere un conocimiento especializado, una capacitación educativa de alto nivel, control sobre el contenido del trabajo, autorganización y autorregulación, altruismo, espíritu de servicio a la comunidad y elevadas normas éticas. Algunos escritores como Parsons, Barber y Wilensky, consideraron intuitivamente que "las profesiones" eran una forma especial de organización ocupacional.[15] Sin

[15] Para Talcott Parsons, "los profesionistas no son ni 'capitalistas' ni 'obreros', ni tampoco son los típicos administradores del gobierno o burócratas". Los atributos que Bernard Barber confiere al comportamiento profesional son: a) conocimientos generales, b) orientación primaria hacia la comunidad por encima de los intereses personales, c) un código ético parcialmente internalizado mediante asociaciones voluntarias y d) búsqueda de recompensas que simbolizan logros de trabajo como metas en sí. Wilensky hace referencia a la jurisdicción exclusiva, a la autonomía, a la capacitación especializada y a la asociación profesional. Considera a la contabilidad, la arquitectura, la ingeniería civil, la odontología, el derecho y la medicina como profesiones establecidas en Estados Unidos; a la enfermería y al trabajo social como profesiones en proceso; a la planeación urbana y la administración de hospitales como nuevas; y a la administración de servicios funerarios como dudosa. Ver Parsons, "Professions", *Daedalus*, 92:24, otoño de 1963, pp. 669-688, y Wilensky, "The Professionalization of Everyone?", *The American Journal of*

embargo, sus descripciones no eran cuantificables ni especialmente útiles para distinguir entre las profesiones y las ocupaciones normales. Después de estudiar ese campo, un escéptico no dudó en calificar los atributos mencionados como una "extraña mezcla de proposiciones de la más variada índole, incluyendo, como si fueran compatibles, generalizaciones empíricas, definiciones *a priori* y relaciones condicionales que, mediante ambigüedades semánticas, se afirman como hechos empíricos".[16]

Otra escuela, integrada por teóricos críticos, considera a las profesiones en términos de una estratificación social, o sea, como otra forma de clasificación de la desigualdad, como pueden ser la clase social, la raza o el sexo. Algunos escritores destacados de esta corriente son Larson, Illich, Johnson, Frankenberg y Boreham, Pemberton y Wilson.[17] Aseguran que los que realizan ciertas

Sociology, 70:2, septiembre de 1964, pp. 137-158. Una exposición sucinta de estos análisis funcionalistas tempranos se encuentra en Morris L. Cogan, "Toward the Definitions of a Profession", *Harvard Educational Review*, **23**, pp. 33-50, invierno de 1953; Robert Gerald Storey, *Professional Leadership*, Pasadena, California: Castle Press, 1958, y Archie Kleingartner, *Professionalism and Salaried Worker Organization*, Madison, Wisconsin: Industrial Relations Research Institute, 1967.

16 Gabriel Gyarmati K., "The Doctrine of the Professions: Basis of a Power Structure", *International Social Science Journal*, 27 (4) p. 631 (1975).

17 Larson, *The Rise of Professionalism;* Ivan Illich *et al.*, *The Disabling Professions*, Londres: Marion Boyers and Burns and MacEachern, 1977; Terence J. Johnson, "What is to be Known? The Structural Determination of Social Class", *Economy and Society*, 6 (2), pp. 194-233 (mayo de 1977, y Ronald Frankenberg, "Allopathic Medicine, Profession, and Capitalist Ideology in India", *Social Science and Medicine*, 15A (2), pp. 115-125 (1982).

ocupaciones para acrecentar sus ganancias y su prestigio, procuran crear un monopolio en el desempeño de las tareas profesionales que son necesarias para la organización social. En ese sentido, los atributos profesionales como asociación, ética y altruismo "con frecuencia pueden entenderse como *estrategias* para alcanzar y mantener un tipo particular de control ocupacional (. . .) lo que otorga poder y prestigio a los que ejercen la ocupación".[18] La implicación es que las profesiones no tienen características intrínsecas, sino que evolucionan a partir de intereses deliberados de utilidad personal de sus fundadores.

Mientras que la escuela funcionalista puede ser demasiado elemental, la escuela crítica parece voluntarista. Toda sociedad moderna tiene (y al parecer necesita) profesiones, pero la forma, el contenido y el *status* de esas profesiones difieren entre sí por razones culturales, históricas e institucionales. Para los fines de esta obra, una profesión es una *ocupación privilegiada con mística.*

Paul Boreham, Alex Pemberton y Paul Wilson son claros representantes de la escuela crítica cuando argumentan que la sociedad australiana "se fundó sobre las relaciones de desigualdad entre los grupos de poder y las clases desprovistas de poder, (. . .) (L)a utilización poderosa de una amplia gama de 'tecnologías de consenso' (en los medios masivos de comunicación y en el sistema educativo) para asegurar su hegemonía moral, cultural y política sobre la sociedad". Estos autores aluden a lo que denominan "el monopolio del conocimiento" de los profesionistas, el cual, respaldado por las asociaciones profesionales, ha creado una mística en la sociedad australiana. Ver el volumen publicado, *The Professions in Australia: A Critical Appraisal,* Santa Lucía, Queensland: University of Queensland Press, 1976, pp. 1.12.

18 Douglas Klegon, "The Sociology of Professions: An Emerging Perspective", *Sociology of Work and Occupations,* 5 (3), p. 269 (agosto de 1978).

La profesión como tal no constituye una categoría sociológica precisa. El concepto depende de la medición arbitraria de la coherencia ocupacional (*vgr:* unidad técnica), del privilegio (trabajo no manual, elevado ingreso) y de la mística (incluyendo el carisma y el prestigio, y lo que se ha llamado "indeterminismo").[19] Una limitación de los enfoques funcionalista y crítico en el estudio de las profesiones es que ambos tienden a circunscribir su estudio a sociedades capitalistas liberales. La primera escuela adopta una interpretación benigna de las profesiones como una defensa del liberalismo. La segunda ataca la ética profesional y el espíritu de servicio a la comunidad como parte de un rechazo al capitalismo. Ambos enfoques son difícilmente aplicables en sociedadades en las que no predomina el liberalismo o donde el capitalismo es débil.

Randall Collins expone el grado de desarrollo de las ocupaciones profesionales en su análisis histórico y multinacional.[20] Maneja en su trabajo conceptos como

19 Los conceptos de "tecnicidad" e "indeterminancia" fueron aplicados al conocimiento profesional por H. Jamous y B. Pellaille. El primero se refiere a esa "porción de los medios de producción totalmente susceptible de codificación en términos de reglas públicas, procedimientos o técnicas". El segundo es una "variedad del conocimiento tácito o subjetivo que (. . .) no puede expresarse en forma enteramente explícita (y) no (es) transmisible mediante métodos públicos y formales". De acuerdo con estos autores, esa misteriosa indeterminada característica de la capacidad profesional es un factor que engendra prestigio y poder en los profesionistas. Ver de los mismos autores, "Professions or Self-Perpetuating System? Changes in the French University-Hospital System", en J.A. Jackson (comp.), *Professions and Professionalization,* Cambridge University Press, 1970, pp. 109-152.

20 Randall Collins, *The Credential Society: An Historical So-*

poder político, tecnología y "cultura". Entiende por cultura tanto las costumbres conscientes del grupo profesional como las normas y expectativas de la sociedad en su conjunto. La teoría de las profesiones de Collins es "una teoría de formación de grupo, *status*, radio de acción, relaciones de dominación y subordinación y diversos grados de propiedad en forma de 'posiciones' ocupacionales". El grado de centralización y descentralización de los gobiernos "determina en gran medida la volatilidad de los mercados culturales, lo que tiene un efecto indirecto en la formación de comunidades ocupacionales, así como un efecto directo a través de la intervención del Estado, en la configuración legal de la propiedad posicional".[21] Es interesante notar que Collins no considera la capacidad profesional como una fuente predominante de poder. Los propios ejemplos de Collins y el trabajo independiente de otros estudiosos dan apoyo a este enfoque, el cual es útil para diferenciar a Gran Bretaña y Estados Unidos de Alemania y Francia en el siglo XIX y de las sociedades contemporáneas socialistas, que han tenido sistemas de gobierno centralizados. Asimismo, sugieren algunos rasgos característicos de las profesiones en muchos países en desarrollo.

Como en México, las profesionen en la Prusia "subdesarrollada" no surgieron de manera independiente al crecimiento del Estado. El *Generaldirektorium* prusiano se consolidó en el siglo XVIII cuando Prusia estaba a la zaga de Europa. El servicio civil se constituía de *Junkers*, aristócratas y burgueses que obedecían al Estado y cuyos

---

ciology of Education and Stratification, Nueva York: Academic Press, 1979.

21 Collins, *The Credential Society*, pp. 171-173.

orígenes sociales les conferían *status.*[22] La "capacitación del burócrata le daba el aura de experto; en la sociedad alemana, los conocimientos especializados le daban a uno el derecho de actuar autoritariamente. (. . .) Todo el mundo debía tener deferencias hacia él —y de hecho así sucedía—".[23] Rueschemeyer señala que el criterio jurídico de los abogados en el siglo XIX estaba limitado por el peso de los códigos civiles alemanes, y que dicho criterio era mínimo.[24] Rueschemeyer estaría de acuerdo con LaVopa en que la "profesionalización" es un concepto anglosajón que, cuando se trasplanta a Europa central, tiene una utilidad analítica limitada. Al estudiar a los maestros de escuela prusianos, LaVopa prefiere el concepto de "emancipación profesional", que significaba ocupar una posición entre la sociedad y el Estado y gozar de lo mejor de ambos mundos. La independencia profesional significaba "tanto un poder oficial *vis-à-vis* el público como un grado de autonomía corporativa en las filas oficiales. La (. . .) búsqueda de ambas metas

22 Herbert Jacob, *German Administration since Bismarck: Central Authority Versus Local Autonomy,* New Haven: Yale University Press, 1963, p. 200.

23 Jacob, *German Administration,* p. 201.

24 Dietrich Rueschemeyer, *Lawyers and their Society: A Comparative Study of the Legal Profession in Germany and in the United States,* Cambridge: Harvard University Press, 1973, p. 185. Al justificar su enfoque comparativo, el autor comenta: "Entre las sociedades modernas, Inglaterra y los Estados Unidos son las que han desarrollado las formas más definidas de autonomía profesional, y no es accidental que el modelo teórico correspondiente haya sido desarrollado por científicos sociales ingleses y norteamericanos. Generalizar el modelo para aplicarlo al trabajo profesional en todas las sociedades modernas representaría un acto de estrechez intelectual" (p. 15).

puede haber sido un rasgo esencial del carácter profesional de Alemania en el siglo XIX".[25]

Antes de la revolución francesa, la monarquía acordaba privilegios y posición a los trabajos calificados que eran útiles a los fines del Estado. Durante el siglo XVII, los ingenieros adquirieron importancia como constructores de los caminos reales; después de la revolución, Napoleón ayudó a perpetuar su posición fundando la *École Polytechnique*, la primera de las *Grandes Écoles*.[26]

En la medicina francesa, el carácter distintivo del ser-

[25] Anthony J. LaVopa, *Prussian School Teachers: Profession and Office, 1763-1848,* Chapel Hill: University of North Carolina Press, 1980, p. 161. LaVopa no se ocupa de hipótesis formales. Sin embargo, sus conclusiones sobre la naturaleza del medio de trabajo de los maestros, como un "intersticio único entre la cultura popular, en su mayoría rural, y la cultura académica, entre las comunidades que resisten y una oficiosa burocracia en expansión", refuerzan la noción de cultura profesional de Collins.

[26] Collins, *The Credential Society,* p. 161. En Francia, Anne Steven comenta sobre la poderosa interrelación entre la capacitación de la élite y la posición burocrática. El "éxito de las estrategias del *corps,* en cuanto se adaptan a nuevas situaciones manteniendo como prioridad su propia supervivencia y la promoción de los intereses del *corps,* ha desempeñado un cierto papel en la aceptación, por parte de la sociedad, de la imagen que tienen los *grands corps* de sí mismos. El lugar que ocupan los (. . .) miembros de los *grands corps* en la dirección de las empresas públicas y privadas (. . .) ilustra claramente hasta qué punto el pertenecer al alto servicio civil, y en particular a un *grand corps,* es visto como una prueba de la capacidad del individuo para asumir importantes responsabilidades en el ámbito económico, capacidad que se basa tanto en sus habilidades como en la naturaleza de su actividad profesional". Ver "The Higher Civil Service and Economic Policy-Making", en Philip G. Cerny and Martin A. Schain (comps.), *French Politics and Public Policy,* Nueva York: St. Martins Press, 1980, pp. 84-85.

vicio público surgió en el siglo XVII cuando los médicos eran solicitados para combatir epidemias y plagas.[27] En el siglo XIX, el *médicin* en salud pública, contratado por el Estado, gozaba todavía de mayor prestigio que el médico particular, considerado con frecuencia un charlatán.[28] Mientras que los abogados ingleses buscaban clientes particulares, los abogados franceses estudiaban el sistema legal en las universidades nacionales y buscaban realizar su carrera profesional en la administración pública. El prestigio profesional, tanto en Francia como en Alemania, estaba asociado con el trabajo en el sector público.

En los sistemas socialistas contemporáneos, la jerarquización del prestigio en función de los diferentes campos profesionales y las ideas sobre autonomía profesional contrastaban con las de los sistemas capitalistas liberales. La ingeniería, por ejemplo, goza de un mayor rango en la Unión Soviética (y en Francia) que en Gran Bretaña (y en Estados Unidos). Dentro de la Unión Soviética, los físicos tienen mayor importancia que los ingenieros, y los investigadores médicos más que los médicos.[29] En su estudio sobre la medicina cubana, Richard Garfield señala que es "más adecuado juzgar el

[27] Ver Terence D. Murphy, "The French Medical Profession's Perception of its Social Function between 1776 and 1830", *Medical History*, 23 (3), pp. 259-278 (julio de 1979). Durante la revolución francesa, los liberales atacaron el prestigio institucional y profesional de los médicos, pero éstos fueron capaces de mantener su posición por la necesidad que tenía el Estado de sus servicios para atender a los heridos de la revolución.

[28] Collins, pp. 141, 148.

[29] D. M. Gvishian, S. R. Mikulinsky y S. A. Kugel, *The Scientific Intelligentsia in the USSR*, Moscú: Progress Publishers, 1976, p. 137.

tipo socialista de profesionalismo (. . .) a partir de su carácter *interactivo* más que *autónomo*. Aquellas profesiones que alguna vez gozaron de independencia la han perdido".[30] El profesionalismo se caracteriza por el trabajo de equipo, el sentido de solidaridad, la evaluación de los superiores a cargo de los subordinados y un estrecho control por parte de los ministerios de estado. Así, Garfield se opone a los que piensan que, por regla general, la "intervención del gobierno, la reducción de la autonomía y la eliminación del trabajo privado son fuerzas que disminuyen la calidad".[31] En lugar de eso, considera que la descripción de las "profesiones" en los sistemas centralizados implica ocupaciones y privilegios diferentes a los de los sistemas capitalistas liberales.

Los teóricos funcionalistas (en especial Parsons, Merton y Barber) identifican las profesiones como ocupaciones especiales. Los teóricos críticos (como Larson) perciben su surgimiento en términos de clases. Collins observa que las profesiones difieren entre sí según si el sistema político tiende al liberalismo o al centralismo; sin embargo, no proporciona muchas bases teóricas para el análisis de sistemas intermedios, híbridos o corporativistas, como los que se encuentran con frecuencia en América Latina. Por ello, su trabajo no es enteramente aplicable al caso mexicano.

30 Richard Garfield, "Nursing, Health Care and Professionalism in Cuba", *Social Sciences and Medicine,* 15A (1), p. 72 (enero de 1981), (énfasis en el original). Ver también Mark Field, "Taming a Profession: Early Phases of Soviet Socialized Medicine", *Bulletin of the New York Academy of Medicine,* 48 (1972).

31 Garfield, pp. 63-72.

Contexto político

El papel de los profesionistas en el Estado depende del tipo de Estado en cuestión y de la necesidad que tenga el mismo de sus servicios. Cada tipo de Estado fomenta un nivel particular de autoridad, organización e iniciativa profesionales. Actualmente, el Estado mexicano enfrenta crecientes retos técnicos para trazar e implantar sus políticas, y necesita también de políticos con diversas capacidades y orientaciones ideológicas; ambas necesidades se combinan para abrir nuevos caminos al ejercicio del poder profesional.

Los estudiosos de América Latina han utilizado diferentes etiquetas para describir los sistemas políticos de la región. Usualmente, estos sistemas se distinguen por el grado de concentración de poder de cada clase social, por el papel del Estado en la economía, por la forma en que el Estado establece vínculos con los intereses económicos organizados y los sectores populares, y por los símbolos ideológicos que propagan las clases dirigentes y han sido internalizados por los diferentes elementos de la población.[32] En América Latina, los sistemas liberales basados en alguna forma de democracia electoral, en la independencia entre los poderes Ejecutivo, Legislativo y Judicial, en la desconcentración del poder y los derechos individuales, son menos frecuentes hoy en día que en años pasados. Incluso en su manifestación más clara,

32 Algunos escritos sobresalientes sobre los sistemas de gobierno en América Latina son: Philippe C. Schmitter, "Paths to Political Development in Latin America", en Douglas A. Chalmers (comp.), *Changing Latin America,* Nueva York: Academy of Political Science, 1972, pp. 83-109, y Alfred C. Stepan, *The State and Society,* Princeton: Princeton University Press, 1978, pp. 3-45.

en Chile durante los años sesenta y principios de los setenta, algunos analistas cuestionaron la profundidad de su implantación, y estos escépticos se sintieron reivindicados con la llegada del gobierno militar. Sin embargo, las "reglas del juego" estaban suficientemente bien definidas y aceptadas por los actores políticos para que el sistema se asemejara al de los países industrializados que compartían también una ideología liberal. En esos sistemas, las profesiones tienden a mostrar el mismo comportamiento que en Gran Bretaña y Estados Unidos, países en los que la balanza del poder profesional se inclina hacia el sector privado. Los profesionistas buscan autonomía por encima de sus clientes, tratan de regular el mercado de trabajo y persiguen sus objetivos de clase como un grupo con intereses propios. La jeraquización del prestigio se correlaciona con la capacidad de mayores ingresos.

En América Latina es poco común también encontrar un centralismo puro. El centralismo está atenuado por la diversidad cultural y la fragmentación política de la mayor parte de los países latinoamericanos, por la reciente ascendencia relativa del Estado en la economía y por la ausencia de una ideología centralista auténticamente latinoamericana.[33] Algunos regímenes han experimentado el mando vertical, el control estatal de la economía, la expulsión de elementos disidentes y una ideología unificadora que abarca a todos los segmentos de la nación. Con excepción del caso cubano, esos esfuerzos han durado poco y han evolucionado hacia otras formas.

[33] La hipótesis antagónica está expuesta en Claudio Véliz, *The Centralist Tradition of Latin America*, Princeton: Princeton University Press, 1979.

Cuando predomina el centralismo, los profesionistas encuentran por lo general empleo en la burocracia y sus formas de asociación están controladas por el gobierno. La autonomía profesional se alcanza cuando personas con una formación profesional similar logran penetrar todos los niveles jerárquicos de un sector o dependencia gubernamental, y cuando son capaces de interpretar y materializar la ideología oficial de manera coherente con los intereses profesionales. El prestigio aumenta a partir de los privilegios que el Estado acuerda a las profesiones en razón de su contribución a los objetivos del mismo.

Por último, también se ha usado el modelo corporativista para describir algunos sistemas políticos de América Latina.[34] El corporativismo es más obvio cuando la dirección política intenta restructurar la sociedad por sectores, como un medio para debilitar la unidad de los sectores populares y facilitar una intervención eficaz del Estado en la economía. Así ocurrió en Perú durante el gobierno del general Juan Velasco Alvarado de 1969 a 1975. Otros sistemas corporativistas evolucionan a partir de Estados patrimoniales, como sucedió durante el periodo de Getulio Vargas en Brasil. En los sistemas corporativistas estables, la elaboración de políticas tiende a centralizarse en la presidencia, hay poca planeación formal de nivel nacional y salvo en momentos de

34 Philippe C. Schmitter, "Still the Century of Corporatism?", en Fredrick B. Pike and Thomas Stritch (comps.), *The New Corporatism: Social-Political Structures in the Iberian World,* Notre Dame, University of Notre Dame Press, 1974, pp. 93-94. Ver también Howard J. Wiarda, "Toward a Framework for the Study of Political Change in the Iberic-Latin Tradition: The Corporate Model", *World Politics,* 25 (2), pp. 206-235 (enero de 1973).

crisis se hace poco énfasis en las políticas de integración. Las actividades sectoriales se concentran en la regulación y reforzamiento de los procedimientos. Las asociaciones profesionales penetran el Estado y la sociedad y su papel es dar apoyo a la ideología integradora nacional. Su prestigio depende de su contribución a la armonía nacional, a la resolución de conflictos y a la paz social. En determinadas circunstancias, el clero y la milicia, considerados con frecuencia como grupos profesionales anacrónicos, pueden alcanzar mayor prestigio, como en la España de Franco.

La sociedad mexicana ha sido definida de diversas maneras: en desarrollo, autoritarista, tutelar, y corporativista.[35] Pablo González Casanova se refiere a ella como un sistema de liberalismo monopolista.[36] Este término sugiere la existencia de grupos formales que interactúan y compiten dentro de un mercado controlado por un protagonista principal: el gobierno y sus dependencias. Los parámetros de la libertad de acción de estos grupos no son anunciados pero sí entendidos y el protagonista principal se apoya primordialmente en los mecanismos de mercado y se vale ocasionalmente de tácticas coercitivas para mantener su preeminencia. Esta descripción

35 Ver las diversas interpretaciones en Lawrence E. Koslow y Stephen P. Mumme, "The Evolution of the Mexican Political System: A Paradigmatic Analysis", en Koslow (comp.), *The Future of Mexico,* Tempe: Arizona State University, 1977, pp. 47-98; y en Carolyn Needleman y Martin Needleman, "Who Rules Mexico? A Critique of some Current Views on the Mexican Political Process", *Journal of Politics,* 31 (4), pp. 1011-1034 (noviembre de 1969).

36 Pablo González Casanova, "México: el desarrollo más probable", en González Casanova y Erique Florescano (comps.), *México hoy,* México: Siglo XXI, 1979, pp. 405-419.

es adecuada y ayuda a explicar por qué México y sus profesiones son difíciles de insertar en algunas de las categorías antes descritas.

Hay cuatro rasgos del Estado mexicano que afectan de manera importante el papel político de los profesionistas.

Primero, el Estado mexicano es un aparato poderoso, capaz de mantener un control eficaz sobre la economía, la seguridad pública y la ideología. Como la fuerza dominante en la sociedad mexicana, el Estado fue consolidado en el periodo postrevolucionario, antes del desarrollo de las profesiones modernas.[37] El tamaño y poder del Estado mexicano es tanto una forma de limitación como una oportunidad para las profesiones mexicanas. Resulta ilusorio para un grupo profesional considerar la posibilidad de desafiar en confrontación directa con el poder estatal. El sistema oficial puede recurrir a decretos y sanciones para contener cualquier movimiento de insubordinación proveniente de grupos profesionales o de profesionistas en particular. El Estado determina el papel de los profesionistas en la sociedad civil en lugar de dar respuesta a las iniciativas basadas en criterios profesionales. Por otra parte, cuando los profesionistas trabajan para el sector público, tienen la oportunidad de aprovechar los recursos de ese sector, y de participar en las decisiones y en su ejecución. Con frecuencia, su asesoría se utiliza para definir proyectos, planes y directrices del desarrollo nacional.

[37] Para una discusión de los efectos de la aparición de las profesiones sobre otros procesos de desarrollo, ver David Collier, "Timing of Economic Growth and Regime Characteristics in Latin America", *Comparative Politics*, 7 (3), pp. 331-359 abril de 1975.

Segundo, los intereses industriales, financieros y comerciales se encuentran mejor organizados y, como colectividades, tienen mayor acceso al poder político en la sociedad civil que los obreros, los campesinos y las profesiones liberales. El esquema político colaboracionista se ha construido pacientemente desde los años cuarenta, y sólo se vio interrumpido (en el discurso oficial) durante los gobiernos de López Mateos y Echeverría. Ni el Estado ni los grupos económicos principales han mostrado gran entusiasmo por una expansión rápida del número de participantes en la toma de decisiones importantes. La lealtad extrema y la predicibilidad de los participantes actuales ha sido demostrada con el tiempo, y ellos han aprendido a buscar acomodo en el sistema. En estas circunstancias, el papel ideal de los grupos profesionales no es proponer políticas opuestas a las acordadas por los protagonistas principales, ni tampoco promoverse a sí mismos como aspirantes al poder sobre una base permanente. Sin embargo, en la medida en que puedan infiltrarse en el aparato estatal, el sistema los protegerá de la competencia desfavorable de los grupos que hayan quedado excluidos. El mismo aislamiento que reduce la influencia de los profesionistas como actores en la sociedad civil, mejora su poder relativo cuando controlan un espacio ocupacional dentro de la burocracia.

Tercero, los verdaderos núcleos en los que se toman las decisiones importantes dentro del sistema son reducidos en número, están centralizados y es muy difícil penetrar en ellos. Los grupos con intereses propios enfrentan constantes obstáculos para ser escuchados, excepto cuando sus posiciones pueden aliviar una seria tensión en el sistema. Los profesionistas en el sector privado o los del ámbito académico, que podrían contribuir a solucionar importantes problemas de desarrollo, tienen que adoptar una visión de largo plazo, centrar su atención en el despacho presidencial y esperar a que se materialicen sus predicciones antes de que se tomen medidas oficiales. El camino al éxito es largo y el desenlace incierto. Sin embargo, los profesionistas cuentan con otras vías para mejorar su influencia, pese al reducido número de núcleos en los que se deciden las políticas a seguir. Cuando ocupan posiciones intermedias en las secretarías de Estado, pueden ejercer cada vez más influencia en las políticas mediante el control de su aplicación.[38] Si bien el alcance de su autoridad es bastante limitado, su impacto acumulativo a lo largo del tiempo puede ser significativo. Los dirigentes políticos que desconocen los intereses de clase de algunos grupos necesitarán cada vez más del aporte profesional cuando adopten nuevas políticas. Los profesionistas pueden moldear su comportamiento para promoverse hacia el nivel de director de departamento o secretario de Estado. En el pasado, el éxito de los profesionistas consistía en ser recompensado con un alto puesto cuya responsabilidad no guardaba relación alguna con su capacitación profesional previa. El profesionalismo se diluía a medida que aumentaban sus responsabilidades políticas.[39] Si

[38] Ver Merilee S. Grindle (comp.), *Policy Implementation in the Third World*, Princeton: Princeton University Press, 1981. Para la competencia existente entre los profesionales de la burocracia, ver Peter S. Cleaver, *Bureaucratic Politics and Administration in Chile*, Berkeley: University of California Press, 1974; ver también Oscar Oszlak, "Notas críticas para una teoría de la burocracia estatal", *Revista Mexicana de Sociología*, **60** (30), pp. 881-926 (julio-septiembre, 1978).

[39] Ezra N. Suleiman, en *Politics, Power, and Bureaucracy in France*, Princeton: Princeton University, Press, 1974, p. 381,

deseaban ser candidatos a la presidencia, evitaban cuidadosamente cualquier motivo de controversia que pudiera originarse en una propuesta política innovadora. Si en el futuro los altos niveles jerárquicos en las secretarías de Estado llegan a ser ocupados por especialistas en el campo respectivo (e.g., ingenieros en SAHOP, agrónomos en SARH), es probable que se reduzca la brecha entre lo político y lo profesional. La fuerza de la dependencia en la política burocrática se basará entonces más en su nivel de competencia profesional.

Cuarto, el nacionalismo mexicano y el símbolo de la revolución mexicana tienden a mistificar el sistema político. La compleja interacción entre símbolos y realidad es también una forma de limitación y de oportunidad simultáneas. Por un lado, disminuye el valor de la preparación especializada que distingue a los profesionistas. La finalidad de "viejas" políticas puede disfrazarse fácilmente y sus resultados pueden ser encubiertos con la restricción del acceso a la información o con la identificación de esas políticas con las metas de la revolución. Es difícil ganar partidarios para iniciativas de política potencialmente benéficas para la nación cuando la impresión generalizada es que las políticas existentes son suficientes para promover dicho beneficio.

---

señala que es "axiomático el que un miembro de un grupo, clase o profesión no necesariamente representa a su grupo cuando ocupa una posición independiente de poder". En el pasado, los profesionistas mexicanos confirmaron esta regla, en especial cuando eran designados para posiciones fuera de su especialidad. Así, la pregunta se refiere más bien a saber cuáles son los resultados cuando los profesionistas ocupan casi todos los puestos técnicos y administrativos clave de una dependencia gubernamental y la dependencia misma está encabezada por un político-profesionista del mismo campo.

Cuando una posición nueva se define con demasiada claridad o se defiende con vehemencia, sus partidarios corren el riesgo de ser acusados de importar "ideas extranjeras" que violan la esencia de la independencia mexicana. Estas prácticas desalientan a los grupos profesionales independientes, que ya no buscan legitimar sus puntos de vista a través de un diálogo racional sobre los programas alternativos de desarrollo.

Por otro lado, los profesionistas con orientación estatal pueden formular nuevas recomendaciones en tanto sean coherentes con los símbolos prevalecientes. A sabiendas de que las implicaciones últimas de cualquier recomendación de política pueden provocar una oposición abierta, los profesionistas pueden fusionar sutilmente la mística de su profesión con la mitología nacional para disimular los cambios que persiguen. Plantear las propuestas de política como reflejo del pensamiento profesional y de los preceptos revolucionarios desvía el debate hacia un terreno controlable e intensifica la "indeterminancia". El principio de mistificación puede ser un rival o un aliado según la habilidad con que sean utilizados los criterios profesionales para interpretar la ideología del Estado.

En un sistema de liberalismo monopolista, donde el control del aparato estatal es la clave de la dominación social, las profesiones que contribuyan a dicha dominación y a la unificación de símbolos (tales como el nacionalismo y el desarrollo económico) tendrán mayor *status* y serán mejor remuneradas, independientemente de su grado de consolidación en la sociedad civil. Esta proposición no significa que la capacitación y las asociaciones profesionales sean por completo intrascendentes. La idea es que existen en México otros factores cuyo papel en el desarrollo de las profesiones es más importante que su habilidad para constituirse en auténticos grupos con intereses propios. La organización particular, los patrones de comportamiento y las costumbres del sistema mexicano afectan el desarrollo de las profesiones, de igual manera que en Gran Bretaña, Francia y la Unión Soviética. Sin embargo, las diferencias entre México y esos países son bastante significativas como para poner sobre aviso al analista sobre la existencia de influencias tan determinantes como el nacionalismo, el control estatal, la cooptación y la formación de pequeños grupos altamente cohesivos, que se combinan en México de manera singular. Es más útil diferenciar a la medicina, el derecho, la agronomía, la ingeniería petrolera y la economía a partir de estos lineamientos que por su grado de autonomía profesional convencional.[40]

Obviamente, la dimensión nacionalista es importante en una sociedad nacionalista y la evolución de algunas profesiones en México ha sido más nacionalista que otras. Algunas profesiones han sabido resistir o atemperar mejor las influencias extranjeras, en especial las de tipo técnico. El derecho, por ejemplo, tiene un profundo arraigo en el pasado histórico. La Constitución mexicana es un documento impregnado de fuerte sentimiento nacionalista. La legitimidad de las leyes contemporáneas descansa en parte en el afecto popular que se profesa por la Constitución. Con los años, los códigos legales se han ajustado a los cambios sociales experimentados en México y es poco lo que han tomado prestado de otros

[40] Muchos profesionistas mexicanos, en especial los que se han formado en el extranjero, no reconocen la trayectoria singular de las profesiones en México y se muestran excesivamente normativos o cínicos en sus juicios sobre la calidad y contribuciones de estos campos en su país.

países.[41] En el otro extremo se encuentra la medicina. Resulta casi imposible distinguir entre el tratamiento médico que se da en México y el de Estados Unidos, aunque la cobertura sea en México mucho menor y el servicio se proporcione básicamente en las instituciones del sector público. Los médicos mexicanos muestran intolerancia hacia la medicina tradicional originada en el país. A pesar de que la ingeniería petrolera es un campo altamente técnico, puede considerarse más nacionalista que muchas otras profesiones mexicanas, ya que se fundó durante un acto de soberanía impregnado de emotividad: la expropiación de las compañías petroleras extranjeras. Con el tiempo, esta profesión ha sabido encontrar procedimientos para mantener su carácter nacional, pese a que gran parte de su tecnología es por fuerza importada.

Las especialidades profesionales han florecido en México debido a la necesidad que tiene el Estado de habilidades nuevas y refinadas para ejecutar sus políticas. En los años recientes, el desarrollo de la economía y el control social se han convertido en temas de primer orden dentro de la organización política. Si bien los abogados siguen siendo omnipresentes en la burocracia, los conocimientos económicos se han visto favorecidos

[41] Durante el siglo XIX y principios de siglo XX, los estudiantes mexicanos de derecho se basaban en los escritos franceses, alemanes y españoles, y recibían una formación filosófica ecléctica. Sin embargo, después de la revolución, la discusión sobre los usos sociales del derecho giró principalmente en torno a las cláusulas de la Constitución de 1917 y su legislación derivativa. Ver el análisis detallado de Roderic Ai Camp, *La formación de un gobernante: la socialización de los líderes políticos en el México posrevolucionario*, México: Siglo XXI, 1981, páginas 104-128.

oficialmente, y algunos economistas debidamente acreditados han recibido sueldos mayores y han sido designados para altos puestos. No obstante las proclamas retóricas, la salud nacional y la pobreza rural no han sido aspectos prioritarios dentro del sistema político.[42] Es decir que los dirigentes han considerado que la reducción de la morbilidad o el aumento de la producción agrícola no son factores críticos para mantener la paz social o incrementar el PNB. En consecuencia, el Estado es poco dependiente de los médicos o los agrónomos, y los profesionistas de estos campos que trabajan para el sector público resienten esta situación en términos de remuneración o de influencia política.

El otro lado de la moneda es el grado de dependencia de las diversas profesiones con respecto al Estado como fuente de empleo.[43] Dado el número de profesionistas en México y la diversidad del sistema político, este cálculo puede hacerse desde varios ángulos. En algunas profesiones en particular, prácticamente todos los integrantes pueden ser empleados y bien remunerados por el Estado y trabajar sólo para él; tal es el caso de los ingenieros petroleros y los agrónomos. En otras profesiones, como la economía, algunos de sus integrantes pueden trabajar sólo para el Estado, mientras que una mayoría

42 Ver Daniel López Acuña, "Salud y seguridad social: problemas recientes y alternativas", y Arturo Warman, "El problema del campo", en González Casanova y Florescano (comps.), *México hoy*, pp. 177-219 y 108-120.

43 Ver los dos censos de recursos humanos en el sector público: México, *Censo de recursos humanos del sector público federal: administración central 1975*, y *Administración descentralizada y de participación estatal mayoritaria 1975*, México: Comisión de Recursos Humanos del Gobierno Federal, 1976 (ambos).

mal capacitada desempeña trabajos que no tienen relación alguna con su campo. Otro caso es el de la profesión de derecho, cuyos miembros están distribuidos de manera más o menos equitativa entre el Estado y el sector privado, si bien muy pocos realizan actividades que pertenecen estrictamente a su campo. Por último, en el caso de la medicina, la mayor parte de los profesionistas pueden estar desempleados en su campo, mientras que la mayoría de los que tienen empleo trabajan para el Estado y se dedican también a la medicina privada. A mayor dependencia del Estado como fuente de trabajo, menor serán el poder de regateo de grupos profesionales cuando hay un exceso de personas calificadas entre las que el Estado puede escoger. Al parecer, la escala relativa de dependencia se inicia con la ingeniería petrolera (más dependiente) y prosigue con la agronomía, la economía, el derecho y la medicina.

La debilidad de las asociaciones profesionales no significa que los profesionistas mexicanos actuén solos cuando buscan promoverse en el sistema. Con frecuencia se apoyan en pequeños núcleos o grupos de protección mutua, basados en la amistad, en los nexos escolares, en la orientación política o en compromisos comerciales (incluida la cesión de contratos por concurso del sector público a compañías propiedad de funcionarios gubernamentales). A menudo estas ligas se extienden más allá de los límites de la profesión, en especial en los campos menos técnicos, como el derecho y la economía. Los abogados del sector público están siempre tras la pista de los vaivenes de los grupos basados en el apoyo mutuo en la esfera política, y son con mucho los "animales políticos" más sensibles del sistema mexicano. Entre los agrónomos funcionan las alianzas por compadrazgo pactadas con frecuencia en los años de estudio, cuyos líderes son buscados para trabajos en las dependencias gubernamentales relacionadas con la agricultura. Los economistas tienden a dividirse en dos bandos, según sus discrepancias profesionales sobre el curso que debe seguir el desarrollo nacional (los que favorecen una economía abierta y los que promueven el crecimiento del mercado interno). En estos grupos, la lealtad pasa a primer plano en momentos de cambio político o de apertura de empleos. Los campos más técnicos, como la medicina y la ingeniería petrolera, no muestran la misma dinámica. Aunque existen en ellos focos de disidencia, la mayoría de sus miembros son apolíticos y están más interesados en los aspectos técnicos de su profesión que en la organización política de sus respectivos sectores. Comparten la convicción generalizada de que el mérito, la capacidad y el esfuerzo beneficiarán sus carreras. No es sorprendente que las asociaciones profesionales en el campo de la medicina y la ingeniería se asemejen más a sus correspondientes en Gran Bretaña y Estados Unidos.

Conclusiones

El sistema político mexicano está organizado de tal forma que estimula el crecimiento económico y, al mismo tiempo, modera las presiones redistributivas. La mayor parte de la actividad gubernamental se dirige a regular la economía, la seguridad pública y la información. Cada una de estas áreas plantea problemas políticos cuya resolución exige una preparación especializada. En el pasado, las oportunidades de los profesionistas para influir en la política pública se han limitado a la etapa de ejecución más que a la de formulación. La influencia de los profesionistas aumentará en la medida en que ocupen posiciones de control sobre los recursos del Estado, y en la medida en que se les confíe la tarea de interpretar la ideología oficial. Los profesionistas ejercerán su influencia *a través* del Estado, como miembros sobresalientes de la élite burocrática, y no *sobre* el Estado, como una fuerza relativamente autónoma de la sociedad civil.

EL NACIONALISMO DE LAS PROFESIONES EN MÉXICO

Entre las profesiones de México existen diferentes grados de nacionalismo. La filosofía, la tecnología y los procedimientos de algunas profesiones son más compatibles que otras con las normas nacionales. En el capítulo 1 se discutieron algunas de las razones por las que no todas las profesiones pueden ser consideradas como una manifestación real de la nación mexicana. La mayoría de las profesiones se inició tardíamente en México y depende de la tecnología extranjera. Sobre las profesiones recae parte de la responsabilidad de resolver serios problemas de desarrollo y presiones a veces abiertas y a veces sutiles para que encuentren soluciones de "raigambre mexicana". La cuestión del nacionalismo en las profesiones es importante porque su presencia o ausencia es uno de los factores explicativos del grado de poder político al que pueden aspirar los profesionistas en la sociedad mexicana. Sin embargo, no es fácil establecer la medida en que las profesiones se identifican con la nación ni cuál es su contribución a la misma.

A pesar de las presiones a las que se encuentra sometido y de estar sujeto a una redefinición, es poco probable que el nacionalismo mexicano se debilite sustancialmente en las próximas décadas. El nacionalismo ha sido una fuerza positiva de integración nacional y proporciona una identidad común a grupos de lenguaje, origen racial y regiones disímiles. Ha atenuado conflictos de clase y tensiones sociales. El Estado se ha beneficiado con el nacionalismo, lo ha difundido por medio del sistema educativo, lo ha reforzado en ceremonias públicas y se ha basado en él para trazar su política exterior. El nacionalismo es una constante en la vida mexicana y afecta todas las fibras de la trama social. Al mismo tiempo, ninguna entidad social tiene la obligación de ser nacionalista. Los valores del nacionalismo no se imponen de una manera dogmática, sino que se toleran diversas corrientes. En ocasiones, el énfasis en el nacionalismo puede ser una estratagema por la que un individuo en un alto puesto institucional expresa diferentes niveles de fidelidad hacia el nacionalismo, según el público al que se dirija. No obstante, su influencia es tan fuerte y penetrante que no puede ser ignorada cuando se estudian las profesiones, en especial si se considera que éstas internacionalizan cada vez más sus miras y tienen dificultades para mantener su identidad nacional.

Algunas profesiones, por su naturaleza misma, pueden erigirse fácilmente como defensoras de normas nacionales. El derecho, por ejemplo, es una de las profesiones que no se iniciaron tardíamente en México. El derecho civil y el penal, aun cuando derivan de la constitución de 1917, guardan una estrecha semejanza con los estatutos del siglo XIX e incluso con los del periodo colonial.[1] En

[1] Ver Toribio Esquivel Obregón, *Apuntes para la historia del derecho en México,* México: Publicidad y Ediciones, 1943; Lucio A. Cabrera, "History of the Mexican Judiciary", *Miami Law Quarterly,* 439 (verano de 1975); y, en cuanto a los desarrollos legales en el periodo de 1968 a 1977, el número en dos volúme-

pocos países la profesión del derecho depende de tecnología extranjera, y menos aún en México. El sistema jurídico ha sido básicamente inmune a cualquier trasplante del exterior, con excepción de la metodología de investigación legal. De hecho, los juristas mexicanos se consideran exportadores de legislaciones innovadoras en las áreas de incentivos fiscales para la inversión privada y de sustitución de importaciones. Generalmente, la licenciatura en leyes se ha considerado un prerrequisito del mexicano culto y consumado, ejerza o no su profesión. Los abogados perciben su profesión como la disciplina superior y el factor de integración del Estado y la sociedad. El gremio piensa que el derecho engendra cualidades de liderazgo y que quienes ejercen la profesión tienen capacidades de visionarios. En la era moderna, esta profesión ha dado individuos de gran talento que han cambiado de carrera y han destacado al articular el nacionalismo mexicano. Algunos ejemplos son Pablo González Casanova (sociólogo político), Carlos Fuentes (escritor), Rubén Bonifaz Nuño (poeta), Daniel Cosío Villegas (historiador) y Víctor Flores Olea (educador). Los abogados consideran que su legado es haberse consagrado a problemas sociales relevantes y que su formación les proporciona los instrumentos y procedimientos para resolverlos. Sin embargo, estas pretensiones son cada vez más cuestionadas. La profesión de abogado se identifica cada vez más con la corrupción y se la encuentra cada vez menos comprometida en los debates públicos en torno a las nociones de justicia, de bienestar social, de progreso y de legitimidad. Son los sociólogos,

nes de *Jurídica* 10 (julio de 1978), publicada por la Universidad Iberoamericana.

no los abogados, los que señalan que México es un país económicamente subdesarrollado para preguntar después: ¿dónde está la justicia? La posición nacionalista del derecho en la jerarquía nacional de las profesiones es elevada, pero no inmutable.

Otras profesiones tienen más dificultades que el derecho para afirmar su nacionalismo. En este sentido, es necesario examinar tres cuestiones. *Primera,* ¿cuáles fueron los orígenes modernos de la profesión? ¿Las raíces de la profesión se remontan a un hecho heroico, en el sentido homérico, que esté impreso en la conciencia nacional? *Segunda*, ¿ha podido moldear la profesión a la tecnología extranjera, para ajustarla a las necesidades y la idiosincrasia nacional? Mejor aún, ¿ha desarrollado técnicas propias, adecuadas a las características nacionales, y ha exportado algunas de ellas? *Tercera,* ¿ha tomado parte la profesión en debates de consecuencias sociales y políticas de nivel nacional? ¿Recurren otros grupos a ella para intentar definir su propia posición? Y ¿han ayudado las perspectivas de la profesión a establecer una agenda de debate nacional?

La oposición entre lo nacional y lo internacional en las profesiones en México se ha manifestado de diversas maneras. La economía es un caso de indudable división en dos grupos relativamente bien definidos que presentan una posición ya sea nacional o internacional en cuanto a las vías adecuadas para el desarrollo económico. En el extremo opuesto se encuentra la medicina, cuyo enfoque importado para la atención de la salud está tan arraigado que los disidentes que propusieran un modelo más mexicano representarían un número insignificante. Los ingenieros petroleros han preservado con creatividad la castidad de su disciplina (y su patrón, Petróleos Mexicanos) y han sabido resistir a la seducción de las siete hermanas y a la tentación de la tecnología de sus primas, las compañías de servicios petroleros. La agronomía, que ha surgido de raíces nacionalistas muy respetables, presenció la invención de una tecnología moderna y poderosa (una variedad de trigo de alto rendimiento) dentro de las fronteras mexicanas. La paradoja es que la invención fue desarrollada por extranjeros y los supuestos beneficiarios de la revolución mexicana no pudieron adaptarla fácilmente. La agronomía, como la economía, tiende a dividirse en dos grupos, de los cuales los partidarios de un enfoque nacionalista son menores en número pero más activos.

Estas cuatro profesiones pueden analizarse desde el punto de vista de sus orígenes nacionalistas en el periodo moderno, de la forma en que han adoptado o creado tecnología y de su contribución en los debates sobre el desarrollo nacional.

Ingeniería petrolera

El hecho más significativo para la ingeniería petrolera en el siglo XX ocurrió el 18 de marzo de 1938, cuando el presidente Lázaro Cárdenas expropió las compañías petroleras extranjeras. Si bien algunos mexicanos tenían ya una capacitación formal cuando se creó Petróleos Mexicanos, tan sólo media docena de ellos, que trabajaban principalmente para compañías petroleras extranjeras, estaban preparados para asumir las funciones de perforación, exploración y administración. La expropiación reafirmó tanto la soberanía nacional como el autorrespeto y dio al tema del petróleo fuertes connotaciones emocionales. La medida tuvo una enorme popularidad en México e inspiró a los jóvenes ingenieros petroleros. El espíritu del nacionalismo caracterizó a la profesión desde su concepción misma, y fue reforzado por el boicoteo a Petróleos Mexicanos de las grandes compañías petroleras internacionales durante muchos años.

La ingeniería ha ocupado un lugar prominente en el desarrollo de México desde que las minas de la Nueva España abastecían las casas de moneda del Reino de Castilla y Aragón. La primera escuela de minas de México se fundó en el siglo XVIII, y las técnicas para extraer plata, oro, plomo, mercurio y cromo se desarrollaron en el país. México ha tenido desde entonces destacados profesionistas en los campos de la geología y la ingeniería de minas. La industria petrolera moderna se inició cerca de Tampico, Tamaulipas, en 1901. A pesar de que el campo petrolero era propiedad de Estados Unidos –a través de la Mexican Petroleum Company–, fue el geólogo mexicano Ezequiel Ordóñez, quien descifró correctamente la estructura del campo e hizo posible extraer el petróleo suficiente para fines comerciales.[2] Después de que Ordóñez demostró la posibilidad de comercializar el petróleo mexicano, las grandes compañías petroleras internacionales, que competían por el dominio mundial incluso en Estados Unidos y en el Medio Oriente, iniciaron la perforación generalizada en México. La principal zona de explotación era la Faja de Oro, que se extendía desde el río Pánuco, en el límite norte del estado de

[2] George W. Grayson, *The Politics of Mexican Oil*, Pittsburgh: University of Pittsburgh Press, 1980, pp. 3-18; asimismo, Eduardo Cervera, "La enseñanza de la ingeniería petrolera en la Universidad Nacional Autónoma de México", escrito inédito presentado en el Congreso Panamericano de Ingeniería Petrolera, invierno de 1979.

Veracruz, y seguía por la costa de Tamaulipas. Las principales compañías petroleras estadounidenses implicadas en la tarea eran Standard Oil de Nueva Jersey, Sinclair, Standard Oil de California, Sábalo, Seaboard y Cities Services. Las compañías británicas, propiedad de la Royal-Dutch Shell, incluían indirectamente el 70% del petróleo mexicano bajo la denominación Grupo el Águila.[3]

La disciplina de la ingeniería petrolera es una combinación de geología, ingeniería civil, topografía e ingeniería mecánica. Juan Salvador Agraz, un ingeniero químico, desarrolló entre 1928 y 1932 el programa de estudios de la carrera de ingeniería petrolera en la Escuela Nacional de Ingeniería. Él y un ruso llamado Iván Korzujin examinaron los programas de estudio de las universidades de Oklahoma, California, Texas, Cambridge, así como los de Moscú y los de la Escuela Francesa de Ingeniería, los combinaron y los adaptaron a las necesidades del desarrollo de las reservas petroleras mexicanas. Al principio no hubo muchas inscripciones de estudiantes en el programa. Las compañías petroleras extranjeras preferían contratar a sus compatriotas para las tareas de ingeniería; el trabajo era arduo y se realizaba lejos de la vida citadina. En 1932, el gobierno mexicano estipuló por ley que las compañías debían emplear un cierto porcentaje de trabajadores mexicanos; simultá-

[3] Antonio J. Bermúdez, *The Mexican National Petroleum Industry*, Stanford: Institute of Hispanic American and Luso-Brazilian Studies, Universidad de Stanford, 1963, pp. 24-27. Otra compañía estadounidense, la Mexican Gulf Oil Compay (Gulf Oil), no se expropió en 1938, sino que fue comprada en 1951. Ver, también, Lorenzo Meyer, y los Estados Unidos en el conflicto petrolero, 1917-1932, México: El Colegio de México, 1977.

neamente, las compañías advirtieron que era más barato contratar ingenieros mexicanos que traer extranjeros a México y que los mexicanos estaban más familiarizados con su medio y sabían relacionarse mejor con los empleados.

Después del 18 de marzo de 1938, integraron el núcleo de PEMEX doce mexicanos, de los cuales sólo seis eran ingenieros petroleros: Manuel Rodríguez Aguilar, Vicente Fuentes, Jesús de la Garza, Francisco Inguanzo, Miguel Quiros Barranco y Armando Morán Juárez. Aunque Rodríguez Aguilar era el de mayor edad y trabajaba a la sazón para la compañía British Petroleum en Holanda, el líder del grupo fue Francisco Inguanzo, que se acababa de graduar en la Universidad Nacional y trabajaba para Laguna Mexican Oil Company, una filial británica. Este puñado de profesionales no estaba preparado para hacer frente a los retos de la industria petrolera, especialmente después de la salida de la mayoría de los ingenieros extranjeros y del embargo de tubos y de otros insumos de los países afectados por la expropiación. La lucha por la tecnología se libró con sentimiento nacionalista. Los pioneros mexicanos consagraron además parte de su tiempo a la enseñanza universitaria e inculcaron un espíritu de sacrificio y dedicación nacionalista en las siguientes generaciones de estudiantes. Los estudiantes graduados en 1939 pasaron de inmediato a la línea de acción. El ritmo de trabajo era abrumador. Con frecuencia, un ingeniero realizaba el trabajo que antes de la expropiación correspondía a cuatro. Normalmente, un ingeniero tiene a su cargo 25 sistemas de pozos artificiales; en PEMEX era necesario que un solo ingeniero se ocupara de 100. Un ingeniero que ingresó a PEMEX en esa época describió el sentir general:

> Había una mística en torno a la profesión. Sentíamos patriotismo por la industria. En todos nosotros había un gran deseo de seguir adelante y de no defraudar la confianza depositada en nosotros. (. . .) Todos queríamos contribuir al triunfo de la industria. Estábamos motivados por un gran entusiasmo a pesar de las dificultades en cuanto a recursos humanos, equipo y tecnología.[4]

El número de ingenieros aumentó con los años, igual que su nivel de competencia. La tecnología petrolera atravesó por varias etapas y los programas de estudio de la Universidad Nacional y del Instituto Politécnico avanzaron a la par. En el siglo XIX, la metodología de exploración petrolera había sido de tipo cualitativo –como, por ejemplo, la búsqueda de agua salina que con frecuencia se asociaba con petróleo–. En la fase siguiente se hizo hincapié en la geología de las formaciones rocosas. Después vinieron las técnicas gravitacionales y magnéticas para localizar depósitos potencialmente abundantes. Con los registros electrográficos se tomaba un perfil de las características electrónicas del pozo, sin necesidad de realizar análisis exhaustivos de cada muestra central. PEMEX ofreció becas generosas para estimular el ingreso a los programas de estudios universitarios y para los años cincuenta había logrado que todos los puestos de ingeniería estuvieran ocupados por mexicanos. Una vez resueltas las demandas de compensación pendientes (en noviembre de 1941), se abrió el comercio de productos y de maquinaria petrolera con Estados Unidos. Por lo general, las compañías cuyas propiedades

4 Entrevista núm. 31 (ver anexo).

habrían sido nacionalizadas cooperaron poco con México, pero las industrias que surtían insumos para la producción de petróleo no tuvieron esa actitud. Los ingenieros mexicanos se habían capacitado en compañías proveedoras, como las empacadoras, y con los productores de gelatina, barrenas, equipo de registros electrográficos y herramientas. Algunas compañías de servicios prominentes, como la Halliburton and McCullough, recibieron de buen grado a los internos de PEMEX.

PEMEX permaneció muy atento a la preservación de su autonomía nacional, como lo demuestran la creación del Instituto Mexicano del Petróleo (IMP) y sus procedimientos de rutina para la contratación con compañías extranjeras. El IMP se fundó en 1966 para desarrollar y adaptar tecnologías petroleras a las necesidades mexicanas. Pocos ingenieros mexicanos del IMP estudiaron posgrados en el extranjero; es una institución de desarrollo en gran medida nacional. En el pasado, el IMP desarrolló técnicas de exploración geológica y geofísica para detectar petróleo y estratos con gas. Recientemente se ha concentrado en la producción marina y en la instalación de plataformas con una capacidad de perforación a enormes profundidades.[5]

Desde los años cuarenta, los concursos de PEMEX para adquirir insumos del extranjero han sido pensados para impulsar la tecnología mexicana. La mayoría de las compañías extranjeras que han participado en los concursos son estadounidenses. Petróleos Mexicanos señala las especificaciones técnicas y por lo general entre tres y ocho compañías presentan propuestas con fechas de en-

[5] "IMP Aims at Making the Nation Leader in Petrochemical", *R&D Mexico,* 2 (1) pp. 11-17 (octubre de 1981).

trega y cifras presupuestarias para diferentes artículos de línea. Las propuestas se analizan tomando en consideración otros factores además del costo mínimo. Cuando se firma el contrato, PEMEX insiste en que, mientras se fabrica el equipo, la compañía ganadora acepte capacitar a técnicos mexicanos en el ensamblaje, la operación y el mantenimiento del mismo. Los ingenieros mexicanos visitan además sitios donde se utiliza equipo similar para conocer, trabajando directamente con los operadores, los problemas que pueden sobrevenir y la manera de abordarlos. Por lo general, PEMEX realiza por su cuenta las instalaciones subsecuentes, con un mínimo de aportaciones de ingeniería extranjera o sin ellas. Los procedimientos vigentes, aunque algo lentos y costosos, han permitido a PEMEX obtener tecnología pagando por ella una sola vez y el precio que considera razonable. La estrategia ha tenido el efecto de mantener un buen nivel de control nacional sobre la tecnología utilizada en México, aun cuando inicialmente haya sido importada.

Muchos ingenieros petroleros consideran que cuando los mexicanos no participan en la instalación de equipo, se promueve una dependencia continua y el costo de la tecnología resulta mucho mayor. Durante la gestión de Jorge Díaz Serrano como director general de PEMEX (1976-1981), se observó un malestar generalizado por el grado de subcontratación con compañías extranjeras. Un número considerable de trabajos se contrataron en términos muy generosos para las compañías extranjeras. Las diferencias de opinión se referían a si la compra de esa tecnología estaba de acuerdo con los intereses nacionales. Prácticamente ningún ingeniero petrolero consideraba que México debía desarrollar una tecnología enteramente propia, así como ninguno pensaba tampoco que México debía depender totalmente de las importaciones. El desacuerdo se refería más bien a la forma de adquirir la tecnología extranjera, a su costo, al periodo de dependencia a que se comprometía y a los derechos que obtenía de reproducirla en México. Varios ingenieros sobresalientes no estaban de acuerdo con la rápida expansión de la infraestructura de PEMEX a cargo de compañías extranjeras.

Este debate perdió fuerza, incluso durante la gestión de Díaz Serrano, y los ingenieros petroleros no han asumido nuevas posiciones significativas en torno al desarrollo nacional. Al parecer, su orientación técnica y su dependencia de empleos del Estado han impedido que participen en asuntos nacionales de más envergadura, incluso en los relacionados de manera directa con su esfera de actividades. Los ingenieros petroleros admiten abiertamente que "no están interesados en discutir temas políticos".[6] "Yo diría que en realidad no ha habido debates en la profesión. Hay discrepancias, si acaso, sobre ciertos aspectos del proceso productivo. Pero no ha habido discrepancias abiertas relacionadas con la política gubernamental."[7] Esta renuencia a manifestar puntos de vista nacionalistas sobre la política petrolera significa que las nuevas generaciones no se encuentran del todo identificadas con los principios que caracterizaron el nacimiento de la profesión. Significa que el gobierno no se ha visto en la necesidad de cooptar una posición militante de los ingenieros mediante la designación de miembros de la profesión a los puestos sectoriales de mayor jerarquía. Desde su fundación, no ha habido un solo ingeniero petrolero en el cargo de director general de PEMEX.

6 Entrevista núm. 29.
7 Entrevista núm. 27.

Agronomía

La agronomía es otra de las profesiones muy vinculadas al nacionalismo mexicano. Uno de los objetivos revolucionarios más importantes fue la reforma agraria y la repartición de tierras. En el periodo de Cárdenas (1936-1940) los agrónomos fueron los encargados de poner en marcha la reforma agraria, en colaboración con topógrafos e ingenieros civiles. Los agrónomos que iniciaron sus actividades profesionales en esa época trataron de contribuir al establecimiento de la nueva estructura ejidal.[8] Sin embargo, la profesión fue adquiriendo un mayor grado de tecnificación. Los agrónomos comprometidos con los principios de justicia social encontraron poco respaldo en las políticas económicas del Estado, que favorecían a los agricultores comerciales privados antes que al ejido. Actualmente subsiste en la profesión un sentimiento de obligación residual hacia los intereses del campesino, y hay un grupo de agrónomos al que se alude de manera informal como "campesinista". Sin embargo, el grueso de la profesión obedece a otras pautas, que hacen énfasis en la obtención del máximo rendimiento mediante el uso de insumos manufacturados y se basan en el modelo de agricultura de Estados Unidos.

Antes de 1890, la mayoría de los estudiantes de la Escuela Nacional de Agricultura de San Jacinto eran hijos de hacendados, que, una vez terminados sus estu-

[8] Ver el enfoque optimista de la unidad de producción agraria de Eyler. N. Simpson, *The Ejido: México's Way Out*, Chapel Hill: University of North Carolina Press, 1937, en comparación con el enfoque muy posterior y mucho menos alentador de P. Lamartine Yates, *Mexico's Agricultural Dilemma*, Tucson: University of Arizona Press, 1981.

dios, volvían a administrar los ranchos de sus padres. La agronomía como profesión tenía muy poca influencia en la dirección política y social del país. Después de la Revolución, se hizo necesario un servicio de topógrafos para crear ejidos en las tierras agrícolas. Durante los años veinte y treinta, los agrónomos colaboraron muy de cerca en este proceso, tomaron parte activa en la organización del campesino y sobresalieron en la política nacional durante las presidencias de Obregón y Calles. Un agrónomo veterano recuerda:

> Salí de la escuela hace más de cincuenta años. Mi generación estuvo muy cercana a la revolución de 1910. (. . .) Muchos de nosotros participamos en la repartición de la tierra. (. . .) Sentíamos una especie de mística por la causa del campesino y la reforma agraria.[9]

La influencia de la profesion agronómica se vio comprometida posteriormente por dos factores. Primero, el reparto agrario se basó en consideraciones de orden político más que económico. Una gran cantidad de tierras se asignó a los caciques que concentraron poder durante la Revolución, y dichas tierras, algunas de la mejor calidad, permanecieron en manos particulares. Incluso las tierras reservadas para ejidos no se distribuyeron con eficiencia en términos de capacidad productiva, por lo que muchos ejidos adolecieron de bajos índices de tierra/persona. Segundo, el periodo de Cárdenas inauguró la etapa de los grandes proyectos de riego para aumentar la producción alimentaria. Mientras los agrónomos eran incorporados al presupuesto federal como funcionarios públicos, la

9 Entrevista núm. 23.

infraestructura de capital bajo la dirección de ingenieros civiles absorbía prácticamente la totalidad del presupuesto del sector. Los agrónomos, que trabajan en colaboración con los topógrafos y hubieran podido aumentar su influencia profesional en los años cuarenta, se encontraron durante el periodo de expansión agrícola de 1946 a 1965 desempeñando un papel secundario comparado con el de los ingenieros civiles.[10]

La Escuela Nacional de Agricultura de San Jacinto se fundó en la capital en 1854, a unos ocho kilómetros del zócalo, y en 1923 se trasladó a las instalaciones de Chapingo (en el kilómetro 36 de la carretera a Puebla).[11] El programa de estudios de la licenciatura se especializó cada vez más, en respuesta al considerable énfasis nacional, en la irrigación y en el crecimiento de las ciencias agrícolas. Los estudiantes podían especializarse en irrigación, genética, parasitología, suelos o economía agrícola. Esta tendencia hacia la especialización técnica contribuyó a erosionar la mística revolucionaria. Varias especialidades, desarrolladas bajo la influencia de los avances internacionales en la disciplina, pocas veces eran

[10] Ver Adolfo Orive Alba, *La irrigación en México,* México: Editorial Grijalva, 1970; Thomas G. Sanders, "Population Growth and Resource Management: Planning Mexico's Water Supply", *American Universities Field Staff Reports,* North American Series, 2 (3) pp. 1-16 (1974); Emilio López Zamora, *El agua, la tierra, los hombres de México*, México: Fondo de Cultura Económica, 1977; y Miguel S. Wionczek, "La aportación de la política hidráulica entre 1925 y 1970 a la actual crisis agrícola mexicana", *Comercio Exterior,* 32 (4) pp. 394-409 (abril de 1982).

[11] Ver Ramón Fernández y Fernández, *Chapingo hace cincuenta años,* Chapingo: Colegio de Postgraduados, Escuela Nacional de Agricultura, 1976.

adecuadas para las tierras pobres y las reducidas partidas de capital del ejido típico, y se ajustaban en cambio a las condiciones de las tierras de los grandes propietarios particulares del noreste y noroeste del país. Durante la segunda guerra mundial, la Secretaría de Agricultura y Ganadería firmó un contrato de asistencia técnica con la Fundación Rockefeller, por el que vinieron a México varios investigadores calificados del campo de la genética, procedentes de los Estados Unidos, para apoyar los esfuerzos locales (como el de Eduardo Taboada) destinados a incrementar la producción. Asimismo, el programa proporcionaba becas para estudiar en Estados Unidos. Entre 1948 y 1972, recibieron títulos de posgrado en Estados Unidos aproximadamente 300 estudiantes mexicanos que habían realizado sus estudios bajo los auspicios de las fundaciones Rockefeller y Ford, de las propias universidades y de otras instituciones. Con estos estudios se reforzó el nivel de competencia técnica de los agrónomos mexicanos en un ambiente académico que tenía muy poca relación con las condiciones agronómicas de los productores de ejidos típicos. Muchos de ellos ocuparon después puestos directivos en el sector agrícola mexicano.

La presencia de extranjeros ha influido de varias maneras. La primera fue demostrar que la agronomía, a diferencia del derecho o la medicina, exigía ensuciarse las manos. En esa época, los agrónomos mexicanos rara vez tocaban la tierra, fumigaban o tomaban muestras de suelos por sí mismos. Los científicos de la Fundación Rockefeller se quitaron los zapatos, regaron plantas y cargaron sacos de tierra, tareas que los profesionistas de Chapingo hubieran dejado a los peones.

Otra influencia fue el estímulo a la enseñanza e investigación conjunta, en cierta forma a partir del modelo del *Land Grant College* de los Estados Unidos. El Colegio de Postgraduados de Chapingo se fundó en 1959 bajo el principio de integrar la enseñanza, la investigación y la extensión agrícola. En 1961 se creó el Instituto Nacional de Investigaciones Agrícolas (INIA) y la mayor parte del equipo de trabajo de la Fundación Rockefeller se trasladó allí (incluido Norman Borlaug, futuro premio Nobel). Durante muchos años, Norman Borlaug y otros científicos agrícolas trabajaron en el mejoramiento de variedades de trigo en varias zonas ecológicas de México. Los resultados se materializaron en una variedad semienana que aumentaba el rendimiento potencial en los campos de los agricultores de 4.5 a 9.0 toneladas por hectárea y que demostró buena resistencia a las plagas, al acame y a las condiciones climatológicas adversas. En 1965, en parte como consecuencia del sorprendente éxito del programa de mejoramiento del germen de plasma de trigo, varios donadores internacionales establecieron, con la aprobación de México, el Centro Internacional de Mejoramiento de Maíz y Trigo (CIMMYT) cerca de las instalaciones de Chapingo en El Batán. El CIMMYT absorbió prácticamente a todos los científicos residentes a largo plazo de la Fundación Rockefeller, que continuaron sus trabajos experimentales y de difusión a nivel mundial.

Sin embargo, un aspecto desalentador fue que este espectacular logro, que contribuyó a conjurar la hambruna en muchas partes de Asia, no atrajo a los agricultores mexicanos, en particular para aquellos a quienes no se les habían cumplido las promesas revolucionarias. Los ejidatarios y los pequeños agricultores, que nunca se beneficiaron de la irrigación a gran escala ni de las políticas de crédito gubernamentales, no pudieron costear los fertilizantes, los pesticidas y otros insumos requeridos para desarrollar las nuevas variedades. Este accidente histórico no fue responsabilidad de los científicos extranjeros. Aun así, la profesión de la agronomía evolucionó de tal manera que su mayor logro tecnológico tuvo poco valor para la reafirmación de sus reivindicaciones nacionalistas, por lo menos en la medida en que el nacionalismo del sector agrícola se asociaba con las políticas del régimen de Cárdenas.

En respuesta, a mediados de los años setenta, un subgrupo de agrónomos (al que se unieron otros profesionistas) trató de imprimir a la profesión una nueva orientación, que colocaba al campesino en el centro de la atención profesional. Fueron llamados los campesinistas y estaban menos interesados en rebasar el límite del rendimiento óptimo en las mejores tierras que preocupados por mejorar el sistema agrícola del típico campesino pobre de diversas zonas ecológicas.[12] En lo académico, los

12 Antes de los campesinistas, el grupo nacionalista de la profesión agronómica, identificado con Jesús Uribe Ruiz, rechazaba la infiltración de enfoques agrícolas de Estados Unidos. Los campesinistas tienen varios voceros académicos en México, los cuales se han inspirado en escritos anteriores tanto de marxistas como de no marxistas (Shultz, Kautsky, Wolf, Chayanov, Lenin). Ver, por ejemplo, David Barkin, *Desarrollo regional y reorganización campesina,* México: Nueva Imagen, 1978; Armando Bartra, "Colectivización o proletarización: el caso del Plan Chontalpa", *Cuadernos Agrarios,* 1 (4) pp. 56-111 (octubre–diciembre, 1976); Gustavo Esteva, "¿Y si los campesinos existen?", *Comercio Exterior*, 28 (6) pp. 699-732, junio de 1978; Abrahan Iszaevich, *Modernización campesina,* México: Edicol, 1980; Arturo Warman, *Y venimos a contradecir*, México: Ediciones Casa Chata, 1976. Para un análisis detallado de las implicaciones de la modernización agrícola para los trabajadores rurales, que incluye un análisis del caso mexicano, ver David Goodman y Michael Redclift, *From Peasant to Proletarian: Capitalist Development and Agrarian Transitions,* Oxford: Basil Blackwell, 1981.

campesinistas realizaron investigaciones sobre las labores dentro y fuera de los predios agrícolas, mercados desequilibrados, estructuras locales de poder, arreglos para créditos informales, prácticas agronómicas, erosión y otros tipos de deterioro ecológico, así como variedades de maíz, frijol y trigo de mayor rendimiento que pudieran desarrollarse con insumos dentro del alcance financiero de los campesinos. En lo político, los campesinistas exigieron un cambio en las prioridades gubernamentales para pasar de la agricultura a gran escala intensiva en capital a los subsidios y al apoyo para los agricultores pobres productores de granos básicos.

Pocas veces los agrónomos han sido designados para ocupar posiciones políticas clave en México. Cuando así ha ocurrido, el representante de la profesión ha procedido invariablemente de la esfera que pugna por la modernización del campo y no del grupo campesinista.

Economía

La primera generación encargada de la elaboración de la política económica moderna estaba integrada por abogados y tenía una percepción intuitiva de la economía. Surgió justo después del periodo cardenista y concibió políticas prácticas e innovadoras para el desarrollo industrial de México durante la segunda guerra mundial. Cuando el campo de la economía internacional se hizo más sofisticado, los economistas mexicanos se dividieron en dos grupos. Un número creciente de economistas jóvenes y prometedores se fueron a confirmar su capacitación en el extranjero. En general, los que estudiaron en Estados Unidos regresaron orientados hacia la política macroeconómica, basada en métodos cuantitativos. Su enfoque de política neoclásica demostró ser compatible con el de los financieros e industriales mexicanos y ascendieron con rapidez en el sector público. Los economistas que estudiaron primero en la Escuela Nacional de Economía (ENE) y fueron a cursar posgrados a Europa tendieron a promover políticas nacionalistas destinadas a proteger la industria mexicana y a aumentar el mercado interno. Actualmente, la situación de los dos grupos es bastante equilibrada y ambos han encontrado acomodo en el diversificado sector público mexicano.

El Banco de México, fundado en 1925, no marcó una tradición económica en sus primeros años de operación. Desde fines de los años treinta a finales de los sesenta estuvo encabezado por una serie de banqueros no ortodoxos, entre ellos Eduardo Villaseñor y Rodrigo Gómez. Villaseñor aprendió algo de economía en la Universidad de Londres, estudió filosofía, ingeniería y leyes en la UNAM, y fue director general del Banco de México desde 1940 a 1945. Gómez se inició como dependiente del Banco de México en 1933, nunca obtuvo un título de licenciatura y alcanzó la culminación de su carrera como director general de 1952 a 1970. Estos individuos, nacidos a principios de siglo, no tenían grandes conocimientos de la economía moderna ni guiaba sus acciones una filosofía económica específica. La miseria provocada por la Gran Depresión los hizo conscientes del subdesarrollo de la economía de México. Aunque eran nacionalistas y miembros de la generación cardenista, no eran radicales y sus conocimientos generales estaban orientados a la acción. Durante la segunda guerra mundial, atravesaron por serias dificultades para obtener bienes de capital de Estados Unidos. Se convencieron entonces de la necesidad de industrializar al país y optaron por la sustitución de importaciones como medio para alcanzar dicha meta.

Excelentes políticos, fueron hábiles para legislar y para comprender las condiciones del mercado. Trabajaron en estrecha colaboración con los industriales mexicanos, en especial los de la CANACINTRA. La culminación de su trabajo fue el modelo de "desarrollo estabilizador".[13] Sin embargo, nunca utilizaron instrumentos sofisticados para la elaboración de su política económica.

Mientras que las posiciones clave del Banco de México eran ocupadas por personas con conocimientos generales, en la Secretaría de Hacienda y en Nacional Financiera trabajaba un grupo más joven que desempeñaba las funciones técnicas y de asesoría.[14] Cuando el Banco de México inició su programa de estudios en el extranjero, en los años cuarenta, la edad promedio de los integrantes de ese grupo era de 25 años, y muchos de ellos viajaron a Estados Unidos y a Inglaterra para cursar posgrados. Víctor L. Urquidi fue a la Escuela de Economía de Londres; Octaviano Campos Salas a la Universidad de Chicago; Raúl Salinas a las Universidades de Harvard y Washington, y Raúl Ortiz Mena a la Universidad de Harvard. Otros per-

[13] Las políticas fiscales a las que después se agrupó bajo el título de "desarrollo estabilizador", se basaron en incentivos fiscales para la industria, estabilidad de precios, inversión extranjera, gravámenes indirectos, libre conversión del peso, un tipo de cambio fijo y, a medida que aumentaron las importaciones, empréstitos del extranjero. El resultado fue una tasa de crecimiento del 6 al 7% anual durante los años sesenta. Ver Clark W. Reynolds, "Why Mexico's 'Stabilizing Development' was Actually Destabilizing (with some Implications for the Future)", Council on Foreign Relations, Grupo de Análisis sobre las Relaciones entre Estados Unidos y México, 5 de abril de 1977.

[14] Las instituciones clave del sector financiero mexicano son la Secretaría de Hacienda y Crédito Público, la Secretaría de Programación y Presupuesto, NAFINSA, SEPAFIN, el Banco de México, y el IMCE.

manecieron en México para participar de lleno en la consolidación de la Escuela Nacional de Economía, como Alfonso Pulido Islas.[15] La orientación de los que estudiaron en Europa, comparada con la de los que fueron a Estados Unidos, tenía mayor semejanza con la enseñanza impartida en la ENE de la Universidad Nacional.

El programa de licenciatura de la UNAM siempre hizo más hincapié en la economía política que en la administración económica o en la administración de empresas. Su programa de estudios se estructuró en torno a temas históricos y sociales, y concedió una importancia secundaria a los aspectos técnicos e instrumentales de la economía. El departamento de economía de la Facultad de Derecho fue fundado en 1929 por Narciso Bassols, un mexicano revolucionario de los años veinte, autor de la legislación agraria de 1927. Bassols fue secundado por otras personalidades que reconocieron el valor de un estudio sistemático de la economía, entre ellos el abogado Daniel Cosío Villegas, el banquero Enrique González Aparicio, el antropólogo Miguel Othón de Mendizábal, el agrónomo Manuel Meza, el empresario Pablo Macedo y el intelectual autodidacta Jesús Silva Herzog. Sin embargo, la enseñanza formal de economía no pudo rivalizar con la de leyes, y cuando la ENE se formó como unidad separada, en 1935, fueron muy pocos los estudiantes que acudieron a inscribirse. La popularidad de la

[15] Víctor L. Urquidi se convirtió posteriormente en presidente de El Colegio de México; Octaviano Campos Salas, en secretario de Industria y Comercio; Raúl Salinas, en secretario de Industria y Comercio; Raúl Ortiz Mena, en subsecretario de la Presidencia, y Alfonso Pulido Islas, en asesor de la Secretaría de Hacienda. Ver Roderic Ai Camp, *Mexican Political Biographies 1935-1975*, Tucson: University of Arizona Press, 1976.

carrera aumentó gradualmente, pero incluso en los años cuarenta el número de alumnos inscritos nunca fue superior a trescientos. Los profesores eran en esencia autodidactas que se ganaban la vida básicamente como funcionarios en la burocracia.

Desde 1929 a 1961, los profesores más respetados no eran mentores de tiempo completo, sino hombres que se habían distinguido en el servicio público.[16] Ramón Beteta, Antonio Carrillo Flores, Gilberto Loyo, Eduardo Bustamante, Emigdio Martínez Adame y Mario Souza fueron antes que nada funcionarios públicos que vieron la Escuela de Economía como un medio para fortalecer a algún grupo político en la administración pública. Una figura típica en el desarrollo de la ENE fue Horacio Flores de la Peña. Nacido en 1923, estudió en la UNAM y tuvo como maestro a Eduardo Bustamante (secretario del Patrimonio Nacional), realizó estudios de posgrado en economía en la Universidad de Washigton y trabajó en el ILPES en Santiago de Chile Flores de la Peña no fue un economista erudito, pero fue un colaborador cercano de Michal Kalecki y Joan Robinson en la Universidad de Cambridge, y esa orientación económica fue la que caracterizó su pensamiento. Como profesor de la ENE, director de la misma en 1966 y secretario del Patrimonio Nacional de 1970 a 1974, Flores de la Peña instruyó y ubicó a una gran cantidad de economistas en posiciones de alto nivel en el sector público.

La economía neoclásica entre tanto, se había fortale-

16 Ver Roderic Ai Camp, "The National School of Economics and Public Life in Mexico", *Latin American Research Review*, **10** (3) pp. 137-153, otoño de 1975. Asimismo, Ma. Teresa Fernández Lozano, "La formación de economistas en México", *El Economista Mexicano*, **12** (3) pp. 21-26, mayo-junio de 1978.

cido con el regreso de un gran número de economistas que habían estudiado en universidades estadounidenses con becas del banco central. Los nuevos programas de estudio de licenciatura y posgrado surgieron en México con una orientación hacia los métodos cuantitativos y hacia la economía neoclásica. Las carreras de economía en la Universidad Autónoma de Guadalajara, el Instituto Tecnológico de Monterrey, la Universidad Anáhuac, la Universidad Iberoamericana y el Instituto Tecnológico Autónomo de México (ITAM) elaboraron programas de estudio más próximos a la economía neoclásica y monetarista que a la economía política. Estas instituciones atrajeron a estudiantes de una clase social más alta que los de la ENE y no transmitió de manera deliberada una conciencia social, que era la base del programa de la ENE. Los graduados de universidades particulares sabían de estadística, de curvas de regresión y de matemáticas, hablaban inglés y se preocupaban poco por los aspectos externos de sus ecuaciones. Además, la crisis universitaria de 1968 dio por resultado la renuncia de Flores de la Peña y la toma de la ENE por economistas marxistas sin interés alguno por los métodos cuantitativos. Si bien la Escuela era útil para la crítica social y retórica, su eficacia para enseñar metodología de resolución de problemas prácticos mermó considerablemente y los graduados descubrieron que la demanda de sus servicios era cada vez menor, tanto en el gobierno como en el sector privado.

A principios de la década de los setenta, dos corrientes identificables se habían desarrollado en la profesión de economía en México. Una de las escuelas de pensamiento puede describirse como partidaria de un capitalismo de estado nacionalista, mientras que la otra sigue los lineamientos de la teoría neoclásica. Existe también un tercer grupo, los intelectuales marxistas, que ejerce influencias en los programas de enseñanza de la ENE (y de otras universidades públicas), pero no representa una fuerza en la profesión desde el punto de vista del poder estatal institucionalizado.

Los nacionalistas creen en la intervención del Estado en la economía, en el incremento del gasto público y en un papel más amplio para las empresas estatales. Identificados como centroizquierdistas, estos economistas han tratado de interpretar las disyuntivas económicas de México desde una perspectiva histórica. Con frecuencia explican la economía utilizando términos sociológicos, como alianzas de grupos, independencia nacional e influencia dominante de la clase empresarial. Su conclusión es que México es un país colonizado en etapa de transición hacia un Estado desarrollado. El mejor de los futuros posibles radica para ellos en el no capitalismo, y la vía de desarrollo deberá acercarse al socialismo tanto como sea posible. Como no hay suficientes fuerzas sociales que ejerzan presión en esa dirección, hacen referencia a una "economía de transición" o economía mixta. En cuanto a las políticas específicas, el grupo considera que debería incrementarse el gasto público y que las empresas estatales deberían expandirse, sean o no rentables. No descartan por completo el contacto con compañías multinacionales estadounidenses, pero suelen desconfiar de las transnacionales y estarían más satisfechos con una menor inversión directa de Estados Unidos en México. En asuntos monetarios, tolerarían el aumento inflacionario si redundara en mayor crecimiento industrial. En lo que se refiere a la política de comercio exterior, prefieren aranceles más altos y una mayor autosuficiencia, lo que en términos financieros se traduce en tasas de interés más bajas para estimular la expansión de la mediana industria, con un efecto positivo en el empleo.[17]

El enfoque neoclásico de la profesión se orienta hacia el monetarismo, la libre empresa y la iniciativa privada; en el espectro político mexicano, se ubica en la derecha del centro. Este grupo no se interesa por las interpretaciones históricas o globales, sino por los instrumentos pragmáticos para la planeación económica a corto plazo. Dice que la responsabilidad del gobierno es estimular el ahorro interno, la inversión de capital y la modernización de la planta productiva, así como asegurar el funcionamiento del sistema de precios. De este modo, el país podrá planear su futuro como otros países desarrollados, apoyado en gran medida en el sistema financiero privado. El grupo considera que la expansión del sector público presenta pocas ventajas; si bien no rechaza la necesidad de empresas públicas, estima que el precio de los productos de esas empresas debería establecerse según los niveles del mercado en lugar de subsidiarlos. En cuanto al control sobre la inversión extranjera, estos economistas opinan que México puede y debe usar capital de los Estados Unidos para promover el desarrollo,

[17] Para algunos ejemplos de estos enfoques, ver Horacio Flores de la Peña, *Los obstáculos al desarrollo económico (el desequilibrio fundamental)*, tesis, Escuela Nacional de Economía, UNAM, 1955; Carlos Tello, *La política económica en México 1970-1976*, México: Siglo XXI, 1979; José Ayala, José Blanco, Rolando Cordera, Guillermo Knockenhauer y Armando Labra, "La crisis económica: evolución y perspectivas", en González Casanova y Florescano (comps.), *México hoy*, pp. 19-96; y la revista publicada por el Centro de Investigación y Docencia Económica, *Economía mexicana: análisis y perspectivas.* La nacionalización de la banca en 1982 fue planeada y ejecutada por personas a las que se asocia en general con el grupo nacionalista.

esforzándose siempre por que el máximo beneficio de la relación comercial sea para México. En lo que se refiere a cuestiones agrarias, defienden la creación de medios eficaces para el uso de la tierra, y favorecen tácitamente una división de tierras de tamaño medio, explotadas por un propietario más que por el ejido tradicional. Si bien pueden estar de acuerdo en que es necesaria una mayor recaudación fiscal, consideran que el sector público malgasta los fondos, por su falta de control sobre el manejo de los mismos. Simpatizan con el sector privado que reclama al gobierno la erradicación de la corrupción antes del aumento de los impuestos.[18]

Sería erróneo hacer una interpretación demasiado tajante de estas dos líneas de pensamiento, pues se corre el riesgo de caricaturizarlas. En muchos puntos, no existe una diferencia real entre las dos escuelas ideológicas. Comparten puntos de vista similares sobre las políticas de ingresos y salarios y sobre la reforma fiscal, y ninguno de los dos desea dilapidar las reservas petroleras de México. Ningún economista tiene en mente establecer una mayor dependencia con el exterior. Con frecuencia, las diferencias se ponen de manifiesto más en las preguntas de política planteadas por cada grupo que en sus respuestas de lo que debe hacerse. Sin embargo, las soluciones que proponen tienen implicaciones ideológicas divergentes. Un grupo estima que el medio de alcanzar la industrialización y la democracia es el fortalecimiento de la empresa privada, la reducción del papel del Estado y el retorno a la libre empresa. Otros economistas piensan

18 Un libro característico de esta escuela es el de Raymond Vernon, *The Dilemma of Mexico's Development*, Cambridge: Harvard University Press, 1963.

que para lograr estas metas, el Estado tiene que redistribuir el ingreso, proteger al pobre y crear empleos.

Hasta 1976, los partidarios de ambos grupos se hallaban dispersos de manera más o menos aleatoria en las instituciones financieras del gobierno; durante el régimen de López Portillo, las diferentes dependencias gubernamentales pudieron ser identificadas con mayor precisión con alguna de las dos posiciones. Prácticamente todos los altos funcionarios de los gobiernos de Echeverría y López Portillo se formaron en el Banco de México cuando iniciaban su carrera, en la época en que rigieron las políticas monetarias restrictivas de Antonio Ortiz Mena (secretario de Hacienda de 1958 a 1970). Quienes encontraron compatibles estas políticas con su formación e ideología tendieron a orientar su carrera hacia las instituciones cuya función en el sistema financiero era más restrictiva que expansionista. Estas dependencias eran las Secretarías de Hacienda y de Programación y Presupuesto, y el Banco de México. Con López Portillo, estas instituciones estuvieron encabezadas durante un periodo considerable por David Ibarra (formado en la Universidad de Stanford), Miguel de la Madrid (Universidad de Harvard) y Romero Kolbek (sistema bancario privado de México). En el caso de otros economistas, el Banco de México no imprimió una huella indeleble en su forma de pensamiento; Horacio Flores de la Peña y Javier Alejo rechazaron la orientación restrictiva del Banco de México y no fueron promovidos dentro de la institución. Ambos encontraron en NAFINSA y SEPAFIN una mayor afinidad con sus puntos de vista, y durante el gobierno de Echeverría experimentaron con políticas expansionistas. La generación política sucesora, que incluía a Carlos Tello y a José Andrés de Oteyza, pugnó también por políticas económicas más nacionalistas y expansionistas. Los resultados fueron heterogéneos. Oteyza, como secretario de la SEPAFIN, luchó constantemente por promover la industria nacional mediana ante el firme avance de las grandes empresas nacionales y multinacionales, mientras que Carlos Tello se vio forzado a renunciar a su cargo por haber manifestado su desacuerdo con el entonces secretario de Hacienda, Julio Moctezuma Cid. Más adelante, Tello resurgió como figura prominente en la nacionalización de la banca privada en 1982.

La mayoría de las personas del medio reconocen la existencia de las dos corrientes y su relación simbiótica dentro de la misma burocracia. En las palabras de uno de ellos:

> Hoy los monetaristas y los antimonetaristas parecen concentrarse en uno u otro sector. Pero esto no llega a ser una "división". Estos economistas tienen que comunicarse entre sí.[19]

Otros observaron:[20]

> Las corrientes conservadora y estatista coexisten. (. . .) Estos grupos conviven como una mafia que opera dentro del gobierno. Muchas veces el economista izquierdista que se ha hecho rico empieza a defender las posiciones derechistas, y los izquierdistas han tenido que atemperar sus posturas para sobrevivir en la burocracia. (. . .) Ha habido crisis de gabinete en las que ha intervenido esta división. Fue muy claro cuando Carlos Tello se enfrentó a Moctezuma Cid y a sus tendencias hacia la estabilidad. Ambos tuvieron que salir. De modo que la

19 Entrevista núm. 7.
20 Entrevistas núms. 9 y 10.

lección es que las dos corrientes coexisten y entran en conflicto. Si el conflicto es demasiado intenso, sus portavoces son echados.

Más que cualquier otro científico social, el economista suele justificar el valor de sus conocimientos por sus aplicaciones prácticas, y los economistas mexicanos de la corriente nacionalista han tenido un cierto éxito promoviendo políticas e ideas que se ajustan a los problemas de desarrollo de México y América Latina. Los orígenes de la política de sustitución de importaciones pueden encontrarse en las investigaciones y los escritos que produjo el Banco de México durante los años cuarenta, institución donde trabajó Raúl Prebisch después de haber sido despedido del Banco Central de Argentina. Dicha política se aplicó por primera vez en México y después, a través del trabajo de la CEPAL, llegó a caracterizar las políticas de desarrollo económico en toda América Latina. A principios de los años cincuenta, la obra de Juan Francisco Noyola gozó de gran respeto y fue considerada una contribución original al estudio de la inflación. Noyola fue uno de los primeros en atribuir la inflación a los casos de rigidez estructural en la economía (como el de un sector agrícola improductivo debido a la existencia de latifundios), y algunos científicos sociales de renombre, como Osvaldo Sunkel y Fernando Henrique Cardoso, le reconocen influencia en su pensamiento.[21] Noyola falleció en un accidente aéreo en 1962, mientras asesoraba al gobierno cubano.

21 Ver Fernando H. Cardoso, "La originalidad de la copia: la CEPAL y la idea de desarrollo", en René Villarreal (comp.), *Economía internacional II. Teorías de imperialismo, la dependencia y su evidencia histórica*, México: Fondo de Cultura Económica, 1979, pp. 175-215.

La más moderna generación de economistas, en particular de los formados en la teoría neoclásica, no puede jactarse más que de unos pocos investigadores que hayan hecho contribuciones originales al campo. Muchas de las ideas sobre el orden económico internacional de estos economistas proceden de escritos ocasionales del FMI, del Banco Mundial y de la OCDE (Organización de Cooperación y Desarrollo Económico). En su mayoría, han estudiado en universidades estadounidenses, están más al tanto de las publicaciones internacionales que de los trabajos latinoamericanos, y con frecuencia han tenido experiencia profesional en las principales instituciones financieras en Washington. Por lo general, encuentran de mayor utilidad los informes económicos ordinarios de los bancos monetarios de Nueva York que el respetado *Trimestre Económico*, publicado en la ciudad de México. Un economista del sector público, formado en Europa, impugnó la validez de algunos de estos enfoques:

> Los economistas neoclásicos han ido al extranjero por títulos de posgrado, con frecuencia de universidades excelentes. Saben manejar sofisticadas técnicas que nunca cuestionan. Su instrucción teórica ha sido insuficiente porque la teoría económica puede no ser adecuada para la realidad social de México. Es un hecho que los estudiantes de economía procedentes de Chicago, Harvard y Berkeley, aunque sumamente competentes, no cuentan con la teoría para abordar los problemas de México. Estamos hablando de subdesarrollo. Los conocimientos acumulados de la profesión se están quedando a la zaga de la realidad social.[22]

[22] Entrevista núm. 10.

Las críticas a la economía neoclásica pueden ser fundamentadas, pero sería un error suponer que el capitalismo de Estado es más aplicable. El valor de ambas escuelas reside en la flexibilidad que permiten al gobierno mexicano para adoptar unas políticas y luego cambiar a otras diametralmente opuestas, en la confianza de que ambas cuentan con defensores profesionales legítimos.

Medicina

La medicina es, como el derecho, una de las profesiones liberales de México que ha conservado su importancia en la era moderna. Sin embargo, la medicina experimentó un cambio significativo en los años cuarenta, cuando su orientación se hizo menos clínica y se volvió más individualista y biologista. La profesión empezó a guiarse por las prácticas médicas de Estados Unidos y rompió sus lazos con la escuela francesa. No fueron los imperativos revolucionarios ni los símbolos nacionalistas los que provocaron esta transformación. Aun cuando los médicos destacados tienden a ser empleados de las instituciones de salud pública (IMSS, SSA, ISSSTE, PEMEX, SDN), el tratamiento médico es curativo, basado en la administración de medicamentos y en la especialización.[23] La mayoría de los médicos que trabajan para el Estado ejercen la profesión también en el nivel privado. Los partidarios de la medicina clínica se están jubilando y casi ningún médico, incluidos los homeópatas,

23 El servicio médico de la SDN (Secretaría de la Defensa Nacional), llamado anteriormente Dirección de Pensiones Militares, es ahora parte del Instituto de Seguridad Social para las Fuerzas Armadas Mexicanas.

simpatiza con la medicina tradicional de hierbas medicinales y curanderos.[24] El profesionista común en la medicina realiza pocas investigaciones, no se suscribe a las revistas médicas mexicanas, es apolítico y no suele participar en debates sobre la política de salud en el país.

A finales del siglo XIX y principios del XX, la influencia extranjera predominante en el desarrollo de la educación médica era europea, sobre todo francesa. Antes de 1940, los estudiantes elegían su especialización profesional en la escuela preparatoria, y los que optaban por las ciencias biológicas tomaban sus cursos en lengua francesa. Los futuros estudiantes de medicina necesitaban leer francés con fluidez antes de ingresar a la universidad, y los profesores de medicina cursaban invariablemente sus posgrados en París. En esa época, la tradición médica francesa era clínica y fue transmitida a México por gente

[24] Para algunos análisis de la medicina tradicional en México, ver Carlos Viesca Treviño (comp.), *Estudios sobre la etnobotánica y antropología médica*, 3 vols., México: Centro de Estudios Económicos y Sociales del Tercer Mundo, 1976, 1977, 1978; Axel Ramírez, *Bibliografía comentada de la medicina tradicional mexicana (1900-1978)*, México: Instituto Mexicano para el Estudio de las Plantas Medicinales, 1978; Joseph Somoni y Richard A. Ball, "The Mexican Medical Huckster", *Sociology of Work and Occupations,* 4 (3) pp. 343-365, agosto de 1977; Isabel T. Kelly, *Folk Practices in North Mexico,* Austin: University of Texas Press, 1965; Horacio Fábrega, hijo, *Disease and Social Behavior: An Interdisciplinary Perspective, Cambridge:* MIT Press, 1974.

La homeopatía es otra rama importante de la medicina en México. La homeopatía deriva del trabajo del médico alemán Samuel Christian Hahnemann (1755-1843), que rechazaba los remedios empleados en la época (sangrías y ventosas). El principio fundamental de la homeopatía es que "sean sustancias semejancomo Arquelino Villanueva, Ignacio Chávez y Abraham Ayala González. Los médicos investigaban la enfermedad del paciente como si fueran detectives. Después de una historia clínica exhaustiva, descubrían sus pistas con las manos, la nariz, los ojos y los oídos. Mediante la palpación y la percusión, los médicos podían diagnosticar neumonías, cáncer y afecciones cardiacas. Manejaban un rango de cerca de 20 fármacos en combinaciones diferentes. La prescripción de recetas precisas era un arte en el que se hacía constante énfasis en la escuela.

Cuatro sucesos transformaron las técnicas terapéuticas y de diagnóstico en México.[25] Primero, cuando

---

tes las que curen enfermedades semejantes", lo cual sugiere que la enfermedad puede curarse con fármacos que producen en una persona sana los síntomas presentes en las que están enfermas. La ley de cantidades infinitesimales indica que mientras menor sea la dosis, mayor será la eficacia del fármaco para estimular las fuerzas vitales. Ver Martin Kaufman, *Homeopathy in America*, Baltimore: Johns Hopkins University Press, 1971. En México, los homeópatas se forman principalmente en la Escuela Nacional Homeopática del IPN y en la Escuela Libre de Homeopatía, fundada en 1912, y su número asciende a cerca de 2 mil practicantes. Ver la entrevista con el Dr. José Luis Huerta "la homeopatía, práctica médica transformada en arte", *Unomásuno*, 1 de julio de 1981, y *Unomásuno*, 10 de julio de 1981. Los homeópatas alcanzaron un cierto poder político durante los gobiernos de Emilio Portes Gil y Luis Echeverría, porque eran los médicos de la familia presidencial (y, por lo tanto, de buena parte del gabinete). Las principales instituciones médicas, como el IMSS y el ISSSTE, no emplean homeópatas, pero sus médicos suelen remitir pacientes a los homeópatas cuando los enfoques biológicos fracasan en la cura.

[25] En cuanto a los antecedentes de la profesión médica en México, ver Ignacio Chávez, *México en la cultura médica*, México: Colegio Nacional, 1947; Gordon Schendel *et al.*, *Medicine in Mexico*, Austin: University of Texas Press, 1968; CONACYT, *La ciencia y la tecnología en el sector medicina y salud: diagnóstico*

Francia fue invadida por la Alemania nazi, en 1940, los estudiantes de medicina mexicanos ya no pudieron conseguir libros de texto franceses. Acudieron entonces a los libros de texto estadounidenses y tuvieron que aprender inglés. Segundo, los médicos estadounidenses estaban comprometidos en la guerra y dejaron un vacío de personal médico en los hospitales de Estados Unidos. Hubo quienes como Salvador Zubirán alentaron a los estudiantes de medicina para que hicieran su residencia en Estados Unidos. Cientos de médicos mexicanos, prácticamente toda una generación, recibieron capacitación avanzada en dichos hospitales entre 1943 y 1946. Tercero, en 1944 se introdujo en México la penicilina, lo que redujo la necesidad de los conocimientos de farmacopea. Cuarto, en 1943 se fundó el IMSS como la primera institución médica del Estado. De estos sucesos, que determinaron la orientación de la medicina moderna en México, sólo el cuarto guarda alguna relación con los principios nacionalistas o con el compromiso revolucionario.

La introducción de la medicina estadounidense eclipsó al médico general versado en técnicas clínicas. La especialización, que ganaba ímpetu en Estados Unidos, adquirió también un papel preponderante en México, y el médico mexicano se concentró en alguno de los subcampos de la medicina, tales como cardiología, patología, hematología, anestesiología, obstetricia, endocrinología o pediatría. Desde entonces y hasta la fecha, el énfasis en la especialización ha desviado la atención pro-

---

y política, México: CONACYT 1976; y Tarcisio Ocampo V. (comp.), *México: socialización de la medicina 1965,* Cuernavaca: Centro Intercultural de Documentación CIDOC), exp. 18, 1968. La Academia Nacional de Medicina está compilando una historia de la medicina en México que se publicará en varios volúmenes.

fesional de la medicina preventiva y de la salud pública, y la ha dirigido hacia la medicina individual. Algunos médicos sobresalientes en México consideran que la profesión interpretó erróneamente el concepto de especialización estadounidense (el cual exige primero una fase de conocimientos generales), pues capacita a especialistas directamente en campos que rebasan las necesidades prácticas de la sociedad mexicana.

La revolución farmacéutica sustituyó la prescripción magistral por el *vademecum* (prontuario médico), y dio lugar a un nuevo pivote en la profesión: el representante de laboratorios farmacéuticos. El médico dejó de ser el "gran señor" que controlaba el destino de las vidas y abdicó a su papel como consejero familiar. Una vez que empezó a recetar medicamentos de patente, cesó de escribir ceremoniosamente la prescripción en un trozo de papel con una caligrafía desastrosa que nadie, salvo el boticario, podía descifrar. Su vocabulario elegante y sus jeroglíficos se tornaron arcaicos. Un médico hizo notar que la profesión "perdió su ingrediente mágico. (. . .) Ahora una persona puede entrar en una tienda y comprar medicinas como si fueran camisas".[26]

Estas tendencias se han filtrado en la medicina que se practica en las grandes instituciones de salud pública. El Instituto Mexicano del Seguro Social (IMSS) se fundó en 1943 como una respuesta al precepto constitucional de 1917 de que el Estado debería proporcionar servicios adecuados en salud a la población. La idea de la medicina social existía en México desde la revolución, pero no había cristalizado. La creación del IMSS fue impugnada por los médicos tradicionalistas formados en la escuela francesa, quienes temieron que la medicina se burocra-

26 Entrevista núm. 12.

tizara, por industriales y patrones, quienes se mostraron renuentes a que el gobierno les cargara la tercera parte del costo del sistema, y por algunos sindicatos, que objetaron la deducción en las nóminas por los servicios de salud y protestaron con pancartas en las que se leía "inseguridad social". El IMSS tuvo una buena acogida entre muchos médicos jóvenes que empezaban a ejercer en los años cuarenta y necesitaban un empleo seguro, sobre todo porque el trabajo en una institución pública no les impedía ejercer también en el nivel privado. Si bien la calidad de algunos de los médicos originales dejaba mucho que desear, el sistema fue mejorando gradualmente. A medida que el IMSS fue madurando, incorporó mejores médicos con sueldos más elevados, logró una mejor organización del trabajo, contó con equipo sofisticado y personal de apoyo capacitado. La reputación del IMSS creció, al igual que la cobertura de sus servicios (cerca de un tercio de la población nacional). Otras instituciones médicas del Estado son las clínicas y hospitales de la Secretaría de Salubridad (cuyo presupuesto *per cápita* ha sido tradicionalmente –hasta el gobierno de De la Madrid– seis veces inferior al del IMSS), del ISSSTE (para empleados estatales), y de PEMEX y Ferrocarriles Nacionales (para trabajadores petroleros y ferrocarrileros respectivamente).[27]

Tanto los defensores como los críticos de la medicina social en México reconocen en ella un carácter burócratico que infunde en sus médicos una actitud de poco

[27] Para encontrar un análisis del sistema de salud en México, ver Daniel López Acuña, "Salud y seguridad social: problemas recientes y alternativas", en González Casanova y Florescano (comps.), *México hoy*, pp. 177-219. Viviane Márquez prepara un libro más amplio sobre la política de salud en México.

compromiso hacia el trabajo. Los médicos a su vez se quejan de una relación médico-paciente rudimentaria, del exceso de trabajo y de conflictos con las autoridades. Comentarios típicos son:

> En algunos lugares los médicos tienen que atender cuarenta pacientes al día y la medicina que practican no puede ser la correcta. Después de un mes, como podrá imaginarse, ya están cansados de la medicina. Hacen una o dos preguntas en su oficina y recetan aspirinas a las primeras de cambio. Después pueden enterarse de que se trababa de un tumor cerebral, pero ya es demasiado tarde. Esta situación niega la esencia misma de la profesión médica.[28]
>
> En el IMSS es muy común que los médicos vean al paciente como su enemigo. El paciente a su vez mira al médico con malos ojos, como indiferente, apresurado y tratando sólo de terminar su turno de trabajo.[29]
>
> (Más que por la carga de trabajo), los médicos se irritan porque las autoridades médicas no comprenden sus puntos de vista. Las autoridades médicas están siempre preocupadas por consideraciones de índole política, no por el servicio que se otorga a los pacientes. (. . .) Algunas autoridades quieren controlar y manipular a los médicos. Esto hace que los médicos entren en pugna con sus superiores.[30]
>
> Muchos médicos empiezan a pensar en su jubilación el día mismo en que ingresan al sistema de seguridad social. Esto es el colmo del burocratismo.[31]

Aun cuando no hay disponibilidad de estadísticas

[28] Entrevista núm. 16.
[29] Entrevista núm. 14.
[30] Entrevista núm. 4.
[31] Entrevista núm. 16.

confiables, la impresión generalizada es que una gran proporción de médicos que trabajan en instituciones públicas ejercen también su profesión en otras partes.[32] Los médicos más censurados son los que tienen supuestamente trabajos de tiempo completo en más de una institución pública, ya que toman horas del final de su primer turno en una institución y llegan tarde al siguiente turno en la segunda institución.[33] Por otra parte,

32 Los datos censales de las empresas del sector público no están desglosados por especialidad; por tanto, no es posible determinar cuántos médicos tienen empleos alternativos. El estudio más reciente arroja los siguientes resultados para todas las categorías de empleados de varias instituciones de salud pública:

			Segundo trabajo en:			
			Sector Público			
Institución	*Total de empleados*	*Con dos trabajos*	*centralizado*	*decentralizado*	*Consultorio privado*	*Otros*
SSA	58 250	6 920	2 223	2 126	1 136	1 435
IMSS	93 166	9 042	2 906	1 588	2 836	1 712
Hospital Infantil	2 093	365	137	118	55	55
Instituto de Cardiología	1 139	185	26	73	36	50
Instituto de Cancerología	109	25	13	7		5
Totales	*154 757*	*16 537*	*5 305*	*3 912*	*4 063*	*3 257*

Según estas cifras, sólo 10.68% de los empleados públicos de estas instituciones tenían un segundo trabajo. Dado que la información se basa en las respuestas de los individuos a un cuestionario, es probable que los resultados estén subestimados. Ver México, *Censo de recursos humanos del sector público federal: administración central,* pp. 130-131, y *Administración descentralizada,* pp. 246-266.

33 Esta situación ha cambiado desde el gobierno de Miguel de la Madrid, con la prohibición formal para cualquier funcionario de ocupar más de un puesto remunerado en el sector público, siendo que una de las funciones de la recientemente creada Secretaría de la Contraloría es vigilar el cumplimiento de esta ley.

nadie esgrime una objeción formal contra los médicos que atienden consultorios particulares fuera de las horas de su trabajo institucional. Los médicos con varios empleos se justifican a sí mismos haciendo alusión a la baja remuneración que perciben, sobre todo si se le compara con la de sus colegas en Estados Unidos.

Estos patrones, combinados con la relativa falta de organización en la profesión (tema que se discutirá en el capítulo 4), derivan en actitudes apolíticas. Los médicos mexicanos no intervienen mucho en cuestiones de política de salud nacional. Su actividad política gira en torno a las condiciones de trabajo en las instituciones de salud pública. Incluso la intensidad de las protestas en el lugar de trabajo se ve atenuada por el interés de seguir escapando a la práctica privada en la tarde o en la noche. Un médico de la universidad comenta:

> Si usted habla con los médicos y los obliga a definir su postura en cuanto a las políticas de salud, tienden a ser de derecha. Si coloca al grueso del cuerpo médico en un espectro político, quedarían mucho más cerca de las opiniones de la Asociación Médica Americana que a favor de la salud pública. Los médicos reconocen que son empleados asalariados, pero no aceptan la etiqueta.[34]

Otro médico agrega:

> Los médicos no distinguen la diferencia entre medicina y salud. Piensan que los médicos son responsables de la salud nacional, pero no ven que la salud se relaciona con el trabajo, las carreteras, la vivienda, el agua y la educación escolar. (. . .) Los médicos piensan que la gente tiene derecho a la salud,

[34] Entrevista núm. 11.

pero si les pregunta qué significa eso, no lo saben. Pregunte a un médico, ¿todos los mexicanos tienen derecho a la salud? Responderá que sí. Pregúntele entonces, ¿todos los mexicanos tienen el derecho a no caer enfermos? No va a entender de lo que le está usted hablando.[35]

Nacionalismo *versus* internacionalismo

Con frecuencia, se advierte en las profesiones mexicanas una división identificable entre la orientación nacionalista y la internacionalista. El derecho permanece circunscrito dentro de las normas y estructuras nacionales, aunque sus voceros han empezado a abdicar de la responsabilidad de contribuir de manera constructiva en los debates sobre el futuro de la nación. Dado que la definición de la nación mexicana está sujeta a modificación, es probable que los abogados sigan perdiendo su prestigio. A menos que sean ellos los que dicten las directrices de la redefinición, tendrán que compartir con otras profesiones la función rectora de la nación. Desde la perspectiva de la identificación nacionalista, el ejercicio de la profesión médica es compatible en México con las tendencias internacionales (en particular con las de Estados Unidos), y parece no serlo con las necesidades de salud de la mayoría de la población. Aun cuando las manifestaciones modernas de la profesión médica empezaron a surgir en México en el periodo postrevolucionario, el modelo se inspiró en el extranjero y no fue una creación de los médicos destinada a responder a los desafíos revolucionarios. De todos los grupos profesionales estudiados en este capítulo, el personal médico es el que presenta un mayor grado de mutismo en lo que atañe a

35 Entrevista núm. 14.

sus opiniones sobre temas de importancia nacional, incluyendo problemas de salud pública. La contradicción consiste en que los médicos conservan el más alto prestigio social entre los profesionales en México, no obstante su aparente apatía frente a cuestiones nacionalistas.

La ingeniería petrolera, la economía y la agronomía han atravesado por diferentes experiencias en la promoción y/o incorporación del nacionalismo a sus filas. Las tres disciplinas ingresaron al periodo moderno durante la consolidación nacional posterior a la revolución, si bien la primera se relaciona de manera más estrecha con un acto nacionalista decisivo: la expropiación de las compañías petroleras extranjeras. La sofisticada naturaleza de la ingeniería petrolera y el ingreso relativamente tardío de México a este campo, podían haber llevado a predecir una rápida erosión de la autonomía nacionalista frente a la inevitable dependencia tecnológica. Aun cuando dicha erosión parece existir, se está dando a un ritmo relativamente lento. El recuerdo de los sacrificios de la primera generación de ingenieros petroleros de PEMEX alienta la conciencia de la profesión. Los preceptos nacionalistas se han internalizado en los procedimientos de concurso para la compra de tecnología extranjera, que protegen y fortalecen la independencia nacional. Sin embargo, los ingenieros petroleros han manifestado su renuencia a participar en el debate sobre la política nacional, y las discusiones en el interior de la profesión tienden a girar estrictamente en torno a cuestiones técnicas.

La agronomía depende en gran medida del Estado como fuente de trabajo. Los agrónomos, que nunca alcanzaron una verdadera importancia nacional, se han adaptado a su situación respondiendo más a los dictados del Estado que a las necesidades de los campesinos, cuyos intereses deberían haber sido prioritarios para los revolucionarios fieles a la causa. La inversión del Estado en infraestructura, créditos y subsidios, ha favorecido más a los agricultores comerciales y a los industriales agrícolas que a los ejidos y pequeños agricultores, y los agrónomos han permitido que su profesión siga el curso de la corriente. En la profesión ha subsistido un movimiento de oposición cuyas raíces éticas e ideológicas se remontan al periodo revolucionario. Sin embargo, los agrónomos que propugnan por la modernización de la agricultura, muchos de ellos formados en el extranjero, parecen tener las posibilidades de rechazar el desafío de los campesinistas, que quizá hayan iniciado su campaña demasiado tarde. La acelerada migración a las ciudades, la incorporación de agricultores comerciales a la producción de granos básicos y el desmantelamiento de las restricciones legales sobre el ejido durante el gobierno de López Portillo, pueden hacer que tanto los usuarios (el campesinado) como su forma de organización (el ejido) desaparezcan de la mira de los intereses agronómicos.[36] Si eso ocurriera, el nacionalismo dentro de la profesión tendría que descubrir nuevas formas para lograr que la agronomía tuviera una correspondencia con las corrientes específicamente mexicanas de la disciplina.

La economía es la profesión en la que la división entre nacionalismo e internacionalismo es más clara, y actualmente parece ser la más activa de las profesiones que aquí se estudian. Los portavoces de cada grupo

36 Algunos de los que consideran que el campesinado está destinado a desaparecer son los teóricos de la modernización (como Walt Rostow, Gino Germani y, en México, Ramón Fernández y Fernández) y los pensadores marxistas (V. Lenin y, en México, Roger Bartra y Luisa Paré). Le agradezco a Abraham Iszaevich esta observación.

ideológico han desarrollado y refinado sus posiciones en programas de educación formalizados y han podido incluso crear una división dentro de la burocracia. Ambos defienden a clientes diferentes de la sociedad civil y han hecho aportaciones al debate nacional vigente relacionado con las vías deseables de desarrollo nacional. Mientras que el sistema político mexicano puede ser indiferente a la cuestión del nacionalismo en la agronomía o en la medicina, es poco probable que permita la reconciliación de las dos orientaciones en la economía. Las posturas asumidas por cada grupo implican diferentes políticas públicas; al adoptar una y después la otra, el Estado tiene más posibilidades de lograr un equilibrio en el sistema y atender sucesivamente a los poderosos agentes económicos con intereses divergentes.

El nacionalismo profesional es uno de los aspectos importantes que distingue a las profesiones en México de las de Europa y Estados Unidos.[37] Otro aspecto es su relativa tolerancia a la expansión de sus integrantes y su relativa incapacidad para regular la enseñanza. El ingreso

[37] Otras disciplinas que no se han descrito aquí han experimentado también esta división; un ejemplo es la arquitectura. Narciso Bassols, durante su gestión como secretario de Educación (1931-1934), estimuló el desarrollo de lo que llegó a llamarse la "arquitectura mexicana" en la Universidad Nacional. Algunas figuras sobresalientes dentro de esta corriente fueron Juan O'Gorman, Enrique Yáñez, Enrique Guerrero y Raúl Cacho. Su enfoque hacía énfasis en las líneas austeras y los materiales de construcción económicos. Los arquitectos cosmopolitas, que miraban hacia Europa para buscar inspiración, fueron José Villagrán García, Pablo Flores y Luis Legorreta. A mediados de los años cuarenta, la "arquitectura mexicana" había perdido su ímpetu y predominaba la corriente internacional.

a las profesiones no está regido por la universidad, por algún consejo facultativo o por las asociaciones profesionales, sino por el mercado de trabajo, cuando el título profesional ha sido expedido.

EL PAPEL DE LA EDUCACIÓN UNIVERSITARIA EN LA FORMACIÓN PROFESIONAL

La educación especializada desempeña un papel importante, aunque no exclusivo, en el ingreso a una profesión. Antes de la revolución industrial, dicha capacitación tenía lugar en la oficina o en el taller del artesano, y a los estudiantes se les llamaba aprendices. Una detallada legislación regulaba las responsabilidades recíprocas entre maestros y aprendices. El sistema ofrecía garantías rudimentarias de que las nuevas generaciones de especialistas en el campo serían competentes. Asimismo, aseguraba que el mercado laboral no se saturara, ya que los aprendices por artesano sólo podían ser tantos como éste pudiera pagar y ocupar. En Estados Unidos y en Europa, la universidad del siglo XIX se convirtió en el centro por excelencia para transmitir y reproducir el conocimiento profesional en leyes, ingeniería y medicina. Los gremios profesionales apoyaban la enseñanza universitaria para nuevos miembros siempre y cuando pudieran influir en el programa de estudios y retener el derecho de certificación. De hecho, aquellos campos que aspiraban al rango de profesión consideraban muy importante que las universidades dieran su reconocimiento oficial, ya que ello legitimaría su actividad profesional. Así, la universidad fue partícipe de las aspiraciones de la profesión para conseguir mayor prestigio y remuneración.[1] Al implantar métodos de investigación y enseñanza más avanzados, la universidad incrementó el nivel de competencia de los jóvenes profesionistas. Al exigir largos estudios sin remuneración, limitó el número de aspirantes a los títulos profesionales y, en última instancia, el número de profesionistas que competirían en el mercado por la misma clientela. La universidad ayudó a reforzar el *status* de élite de las profesiones.

En México, es el Estado y no la profesión quien ha asignado una función a la formación profesional. Es la universidad y no la profesión la que ha establecido los criterios para certificar el nivel de competencia formal de los profesionistas. Las profesiones han logrado una cierta influencia en el mercado de trabajo y controlan las decisiones de empleo en algunas de las grandes instituciones de los sectores público y privado. Sin embargo, la tutela que ejercen sobre sus miembros se localiza al final del proceso. Los grupos profesionales no han podido (y tampoco lo han intentado con frecuencia) lograr un equilibrio entre la oferta de profesionistas titulados y la demanda de sus servicios.

Los funcionarios gubernamentales necesitan especialistas capacitados a su servicio y reconocen que no habrá avance económico si no se mejora el nivel de competencia de diversos campos técnicos. Con frecuencia, la

[1] Ver Magali Sarfatti Larson, *The Rise of Professionalism*, Berkeley: University of California Press, 1977, pp. 3-4, 136, 144. Para algunos comentarios sobre la educación profesional, ver Ronald Gross y Paul Osterman (comps.), *The New Professionals*, Nueva York: Simon and Schuster, 1972, y Everett C. Hughes *et al.*, *Education for the Professions of Medicine, Law, Theology, and Social Welfare*, Nueva York: McGraw-Hill, 1973.

Secretaría de Educación Pública interviene para regular la demanda de profesionistas, estimula el ingreso a especialidades con pocos praticantes y trata de disuadirlos en el caso contrario. Sin embargo, este tipo de planeación educativa no es constante, en parte porque la educación profesional está al servicio de intereses ajenos a la necesidad de preparar abogados, médicos, ingenieros o arquitectos competentes.

En una economía en la que el PNB crece más rápido que la creación de empleos, y en que las aspiraciones de movilidad social entre los grupos populares son críticas, la enseñanza universitaria puede crear la ilusión de ser sinónimo de desarrollo personal. El prestigio del título de "profesionista" atrae como un imán a los estudiantes hacia la universidad; ésta, a su vez, tiene que asumir la tarea de vigilar a cientos de jóvenes durante una etapa biológica de gran energía física. En las aulas, y considerando las aspiraciones de movilidad social de los jóvenes, la atención se centra en libros y debates, lo cual amenaza menos la estabilidad política que otras actividades, tales como la organización laboral.[2] Poco importa que sólo

[2] La consecuencia, en el caso de las universidades de América Latina, se denomina "masificación". Ver Jaime Rodríguez Forero, "El concepto de masificación: su importancia y perspectivas para el análisis de la educación superior", en *Fichas*, Buenos Aires: UNESCO, GEPAL, PNUD, 1978, pp. 1-49; Alistair Hennesy, "Students in the Latin American University", en Joseph Maier y Richard W. Weatherhead (comps.), *The Latin American University*, Albuquerque: University of New Mexico Press, 1979, pp. 147-184; Judith K. Barr y Charles E. Barr, "The Structure of the Dental Profession and the Use of Auxiliaries in Latin America", *Social Science and Medicine*, **14A** (2) 107-111 (marzo de 1980), y para México en particular, Alfredo Tecla Jiménez, *Universidad, burguesía y proletariado*, México: Ediciones de Cultura Popular, 1976.

una reducida porción de los estudiantes salga debidamente capacitada y consiga un trabajo relacionado con su preparación específica. Al Estado le resulta más barato construir un salón de clases y contratar a un maestro que construir una fábrica. Muchos de los llamados estudiantes universitarios en México pueden considerarse fácilmente como desempleados encubiertos.

Los cuatro actores

El *status* actual de la educación y la certificación profesional puede ser analizado en términos de los objetivos aparentes de cuatro actores y de su peso relativo en la balanza política. Estos cuatro actores son los estudiantes, el Estado, la universidad y las profesiones.[3] En

---

Si bien es más notorio en América Latina, el problema del crecimiento de estudiantes en las universidades es un fenómeno mundial. De 1970 a 1976, el número de estudiantes en universidades, en instituciones de enseñanza superior y en escuelas normales aumentó 54% en todo el mundo (de 24.4 a 37.6 millones), y 150% en América Latina (de 1.4 a 3.5 millones), Naciones Unidas, *Statistical Yearbook,* Nueva York: Naciones Unidas, 1972, 1979. Muchos países industrializados experimentan el problema de títulos universitarios devaluados. Para una discusión de los casos de Estados Unidos, Gran Bretaña y Canadá, ver, respectivamente, Richard B. Freeman, *The Over-Educated American,* Nueva York: Academic Press, 1976, pp. 17-21; Richard Berthoud, *Unemployed Professionals and Executives,* Londres: Policy Studies Institute, **582,** p. 2 (mayo de 1979), y L.W.C.S. Barnes, "The Changing Stance of the Professional Employee", *Research Series,* **29,** (1975), Industrial Relations Centre, Queen's University at Kingston, pp. 20-22.

[3] Comparar con el esquema de Larissa Lomnitz, "Conflict and Mediation in a Latin American University", *Journal of Inter-American Studies and World Afairs,* **19** (3) pp. 315-338 agosto de 1977.

primer término se encuentran los estudiantes de licenciatura en las universidades estatales, los cuales aspiran a una carrera exitosa mediante una capacitación profesional. El universo de estudiantes es potencialmente enorme y su *status* económico es bajo. Las políticas de admisión son poco estrictas y permiten la inscripción de grandes cantidades de estudiantes. Las encuestas realizadas a los estudiantes de primer ingreso en la UNAM revelan su bajo nivel económico. En 1977, por ejemplo, 78.6% de los 271 266 estudiantes de la UNAM provenía de familias cuyo ingreso total era inferior a 8 000 pesos mensuales (355 dólares estadounidenses de ese año).[4] Un gran número de estudiantes necesita un empleo de medio tiempo para mantenerse. La calidad académica se ve perjudicada por el poco tiempo de estudio disponible y, en general, por la mala preparación que los estudiantes traen de las escuelas de enseñanza media. Las clases son numerosas y a los profesores se les paga por hora. Los

4 Ver Universidad Nacional Autónoma de México, *Anuario Estadístico 1977*, México: Secretaría General de Servicios Auxiliares, 1978, pp. 192-196. Las cifras de la distribución del ingreso en México para el mismo año se encuentran en Enrique Hernández Laos y Jorge Córdova Chávez, "Estructuras de la distribución del ingreso en México", *Comercio Exterior*, 29 (5) pp. 505-520 (mayo de 1979). Sin embargo, las características de la pirámide del ingreso en México son tales que las familias que ganaban 8 000 pesos en 1979 se ubicaban en el noveno decil más alto. Los datos de la UNAM y de Hernández-Córdova no dividen las poblaciones respectivas de la misma manera. No obstante, es posible deducir que 8.6% de los estudiantes de la UNAM se encontraban en el cuarto decil (2 004 pesos mensuales en promedio) o abajo, 42.2% en el séptimo decil (4 398 pesos mensuales) o abajo, y 64.1% en el octavo decil (5 779 pesos mensuales) o abajo. Antes de la "masificación", los estudiantes de la UNAM se ubicaban por lo general en el primer 5% de la pirámide del ingreso.

estudiantes presionan para que se les deje poca tarea y para que los exámenes sean sencillos. Mientras tanto, tratan de hacer amistades y alianzas con profesores, estudiantes o funcionarios que puedan darles trabajo después de terminados sus estudios. Con frecuencia esta estrategia exige la participación en actividades políticas que respalden al PRI. Una minoría desea realmente recibirse y aprovechar al máximo sus estudios durante sus años universitarios. La mayoría prefiere la admisión automática y normas de educación poco exigentes.

El Estado se interesa genuinamente por la preparación de profesionistas altamente calificados para trabajar en los sectores público y privado. Sin embargo, no considera que el sistema universitario sea el único medio de alcanzar esta meta. Las partidas presupuestarias asignadas a las universidades y sus departamentos, sobre la base del número de alumnos inscritos más que del número de graduados, demuestran que la calidad o la productividad no son las únicas motivaciones del Estado. La función más importante de la universidad es ofrecer un canal de expresión a los jóvenes de los sectores populares que anhelan ascender en la escala social. Para lograr estas metas, el Estado permite el ingreso de gran número de estudiantes a la universidad y subsidia gran cantidad de universidades, con frecuencia con el mínimo requerido para mantener sus puertas abiertas. Las ventajas son múltiples. Primera, la juventud de las clases populares tiene por lo menos la oportunidad de asistir a la universidad; ocasionalmente, un estudiante sobresaliente vence los obstáculos y se abre paso en el sistema, y logra hacer importantes contribuciones al desarrollo técnico de México. Segunda, las grandes universidades dan acogida a los intelectuales potencialmente rebeldes. En lugar de participar en acciones políticas directas, como partidarios de la derecha o, más comúnmente, de la izquierda, en terreno universitario estas élites son aisladas y fácilmente supervisadas. Sus críticas se reducen a discursos orales o escritos, moderados por necesidades de seguridad de empleo y de sus ventajas materiales.[5] Tercera, el sistema no impide que el Estado o la economía cuenten con el número de profesionistas capacitados que necesitan para su preservación, reproducción y crecimiento. Los estudiantes a los que el sistema recurre son de otra extracción socioeconómica y pueden pagar sus estudios en universidades privadas, o bien, son graduados de universidades públicas que pasan los exámenes de compañías privadas y dependencias gubernamentales que tamizan a los sujetos más talentosos dentro de cada promoción.

El gran número de estudiantes que se inscribe y termina sus estudios, pero que no consigue empleo adecuado en su campo profesional correspondiente, no es un accidente del sistema educativo, sino un logro del sistema político. Así, los jóvenes ingresan a los programas universitarios, motivados por las perspectivas económicas y de prestigio, y quedan satisfechos con la gloria simbólica de haber asistido a la universidad. Mientras sus alum-

[5] Daniel C. Levy sostiene que las prioridades políticas del gobierno mexicano en cuanto a la enseñanza superior son: a) mantener el orden social prevaleciente, b) dar respuesta a las demandas inmediatas, y c) articular opciones de política. Todos los regímenes presidenciales han convenido en (a), pero sólo el gobierno de Echeverría pareció interesarse en (c). Ver, del mismo autor, *University and Government in Mexico: Autonomy in an Authoritarian System*, Nueva York: Praeger, 1980; asimismo, Fernando Pérez Correa, "La universidad: contradicciones y perspectivas", *Foro Internacional*, 55, 14 (3) pp. 375-401 (enero-marzo 1974).

nos no se rebelen, en la universidad o después, la universidad seguirá desempeñando una función fundamental para el Estado, aunque a un costo presupuestario alto.[6]

Los maestros y funcionarios universitarios pueden dividirse, de manera general, en dos grupos. Por un lado se encuentran los veteranos, convencidos de que la educación profesional no cumple hoy en día la misma función que cuando ellos realizaron sus estudios; por el otro lado, los profesores jóvenes e idealistas, con frecuencia formados en el extranjero, y con clara vocación académica. Estos últimos intentan mantener su ánimo profesional y sus compromisos aun en circunstancias adversas, y con frecuencia se lamentan por lo que debería ser y no es. En los programas de estudios en los que la "masificación" ha alcanzado proporciones descomunales, y en los que es inútil cualquier esfuerzo para mantener elevados los niveles académicos, las metas del

[6] En 1979, la UNAM absorbió 42% del gasto público destinado a la educación superior. Ver Levy, *University and Government,* pp. 108-111. La interpretación que hace Levy del problema presupuestario y el relativo al ingreso de estudiantes a la universidad es más benigna que la que aquí se presenta. En primer término, señala que, en el momento de su investigación, las desciplinas prioritarias del gobierno para el desarrollo nacional eran la agricultura, las ciencias naturales, la ingeniería y las ciencias médicas, mientras que las disciplinas de humanidades y ciencias sociales ocupaban un último lugar (pp. 121-125). Sin embargo, los niveles de financiamiento guardaban poca relación con esta lista. En segundo término, sostiene que la presión de los estudiantes puede forzar el alto índice de ingresos a la universidad, y que los estudiantes, en razón de su número, pueden controlar las asignaciones presupuestarias. Estos hechos apoyan, en opinión de Levy, la autonomía universitaria y la libertad de los estudiantes. No analiza mayormente el problema de la baja calidad académica.

personal universitario se ven desplazadas y empiezan a surgir otro tipo de actitudes. Los profesores hacen énfasis en objetivos que tienen poco que ver con la enseñanza. Asimismo, buscan colocarse en posiciones de investigación y no tener responsabilidades docentes; se valen de su condición universitaria para aumentar sus honorarios en la práctica profesional privada; incitan a los estudiantes a formar alianzas para beneficiar sus carreras en la universidad o en la burocracia; se convierten en críticos declarados del sistema para labrar su reconocimiento internacional, o bien explotan los privilegios derivados de su titularidad y de la autonomía universitaria para cobrar un salario con el mínimo de esfuerzo. La coherencia universitaria se ve continuamente amenazada tanto por los que persiguen metas académicas como por los que aceptan y apoyan la preservación del sistema vigente. El conflicto entre ambas posturas es frecuente.[7] Con excepción de algunas instituciones de prestigio científico reconocido internacionalmente, el personal con orientación académica se ve invariablemente forzado a comprometer sus valores o simplemente a olvidarlos. A pesar del apoyo que reciben de miembros destacados de la profesión, les resulta imposible combatir la presión combinada de los estudiantes y del Estado.

Confidencialmente, muchos líderes profesionales confiesan que preferirían aumentar los requisitos de ingreso a la universidad, restringir el número de estudiantes, concentrar los escasos recursos existentes en la creación de programas de enseñanza superior y lograr que la

[7] Ver Larissa Lomnitz, "The Exercise of Power in a Latin American University", documento preparado para el Burg Wartenstein Symposium 84, Werner-Gren Foundation, Nueva York, julio de 1980.

oferta de empleos corresponda a un número igual de graduados universitarios altamente capacitados. Sin embargo, la influencia que estos líderes pueden ejercer en las políticas universitarias suele ser nula; no tienen la capacidad de modificar las tendencias prevalecientes, sobre todo a causa de la baja cohesión de las asociaciones profesionales y de su imposibilidad legal para certificar el ingreso a las profesiones, comparadas con el peso de los segmentos integrados por el cuerpo docente, los estudiantes y el Estado. Por otro lado, si bien la situación es desafortunada, tiene sus compensaciones. El número de profesionistas aumenta sin amenazar el nivel de ingresos de los que ya han iniciado sus carreras. La gran cantidad de inscripciones confirma el *status* de las profesiones en la sociedad. Los estudiantes confieren prestigio a los profesionistas establecidos, a quienes ven con admiración. Los profesionistas en ejercicio ayudan a sus instituciones a preparar exámenes de selección de personal semejantes a las pruebas de certificación, que sólo excluyen a los que son totalmente incompetentes. Por último, a pesar de los elementos desperdiciados, el sistema produce el número de graduados calificados que se requieren para expandir y fortalecer las filas profesionales. Así, no es en las puertas de la universidad donde los profesionistas establecidos controlan el ingreso a las profesiones; su estrategia consiste en colocarse a las puertas del mercado de trabajo y desde ahí ayudar a seleccionar a los estudiantes que merezcan ser empleados en el futuro.

Las motivaciones de los individuos y las instituciones descritos antes han sido caricaturizadas en cierta forma, y su actuación en las profesiones mexicanas es variable. Las profesiones pueden analizarse de acuerdo con la existencia, la ponderación o la ausencia de determinadas variables. Las más significativas son: *a)* la escala de las inscripciones universitarias, *b)* la calidad de los programas de estudios, *c)* la relación del graduados a inscritos, *d)* la existencia de instituciones con altas colegiaturas para las élites, *e)* el énfasis en los estudios de posgrado en el extranjero, *f)* la aplicación de exámenes previos a la contratación y *g)* la existencia de programas de enseñanza que cubren las deficiencias técnicas una vez que los candidatos han sido contratados.

El valor asignado a todas estas variables, que no es el mismo para cada profesión, ayuda a explicar la evolución de la educación universitaria en cada campo. El cuadro 1 presenta datos cuantitativos y cualitativos correspondientes a las cinco profesiones que aquí se estudian. El análisis de este cuadro muestra que el número de inscripciones en cada una de las profesiones es alto, con excepción de la ingeniería petrolera, y que la relación inscritos/graduados es alta. Las escuelas han proliferado en todos los campos salvo en el de la ingeniería petrolera. Los sectores público y privado han implantado un control sobre el acceso a los empleos que obliga a los aspirantes de algunos campos a presentar exámenes especiales. Los campos de medicina y economía cuentan con instituciones selectas de enseñanza y los estudios de posgrado se han vuelto *de rigueur* en economía y agronomía. El sistema produce, por un lado, un reducido número de profesionistas competentes que obtienen las posiciones más codiciadas e inician así una carrera prometedora; por el otro, un extraordinario número de personas que deben retirarse de la carrera antes de alcanzar siquiera su meta inicial. Aunque difícil de calcular, el desempleo entre los graduados de medicina, leyes y economía es elevado, y agronomía e ingeniería petrolera pueden encontrarse pronto en la misma situación.

Este proceso se representa en forma esquemática en

CUADRO 1

Programas universitarios de licenciatura, inscripciones,
agronomía, ingeniería petrolera,

	Medicina	*Leyes*	*Economía*
Año de fundación del primer programa universitario[a]	1833 UNAM	1553 UNAM	1935 UNAM
Número de programas oficialmente reconocidos que otorgan un título[b]	46	62	41
Inscripciones estimadas a nivel licenciatura[b]	92 275	59 970	20 107
Proporción aproximada de ingresados/egresados titulados[c]	2.5/ 1.4/ 1	3.1/ 1.9/ 1	4.4/ 2.9/ 1
Existencia de un examen de selección de personal obligatorio antes de ser contratado por el sector público[d]	Sí, Tasa de rechazados para la residencia en hospitales públicos: 90%	No	Sí Tasa de rechazados en el Banco de México: 67%
Número estimado de profesionistas desempleados[d]	15 000	Elevado	Elevado

Notas: Ver la siguiente página.

graduados y desempleados en medicina, leyes, economía, arquitectura e ingeniería civil

Agronomía	*Ingeniería petrolera*	*Arquitectura*	*Ingeniería civil*
1854 ENA	1915 UNAM	1786 UNAM	1868 UNAM
38	2	47	58
36 333	914	29 059	30 921
5.8/ 3.3/ 1	19.7/ 1.2/ 1	3.1/ 1.7/ 1	4.8/ 1.7/ 1
Sí, Tasa de rechazados en el INIA: 45%	Sí, Tasa de rechazados en Pemex: 10% en el IMP: 80%	No	No
Omisible, pero está cobrando importancia	Ninguno	Omisible	Omisible

NOTAS DEL CUADRO

[a] Unión de Universidades de América Latina, *Censo universitario latinoamericano 1966-1969,* México: Secretaría General, 1971.

[b] Datos para 1980: ver ANUIES, *Anuario estadístico 1980,* México: Asociación Nacional de Universidades e Institutos de Enseñanza Superior, 1981. La información para la ingeniería petrolera fue complementada con la entrevista núm. 28.

[c] Un ingresado es un estudiante inscrito; un egresado, el que ha terminado todos los cursos para la licenciatura; y un titulado, el que ha aprobado el examen profesional y ha elaborado una tesis cuando se requiere. Las razones para medicina, leyes, economía, arquitectura e ingeniería civil corresponden a las clases de primer ingreso de la UNAM en 1971, 1972 y 1973, y a las clases de primer ingreso de la Universidad Autónoma de Nuevo León en 1973 y 1974. Las estadísticas de ingeniería petrolera corresponden a las clases de primer ingreso de la UNAM en 1971, 1972 y 1973. Las estadísticas de agronomía corresponden a las clases de primer ingreso de la Universidad de Nuevo León en 1973 y 1974, y a las clases de primer ingreso de la Escuela Nacional de Agricultura desde 1966 hasta 1975. Es difícil conseguir estadísticas sobre la historia académica de las clases desde su inicio; muy pocas universidades compilan este tipo de información, y los datos no están disponibles a nivel central. Los estudiantes de primer ingreso necesitan cinco años para ser egresados y otro año para ser titulados. En teoría, cada uno de estos programas de licenciatura debería ser cubierto en cinco años. Las fuentes son: ANUIES, *La enseñanza superior en México 1970-1976,* México: Secretaría General Ejecutiva, 1976, pp. 150-156; Universidad Nacional Autónoma de México, *Anuario Estadístico,* México: Secretaría General de Servicios Auxiliares, 1971-1980; Universidad Autónoma de Nuevo León, *Universidad en cifras,* Monterrey: Dirección de Planeación Universitaria, 1980-1981; Escuela Nacional de Agricultura, *Información estadística de la población escolar: periodo 1966 a 1976,* Chapingo: Departamento de Planeación, 1976; y estadísticas sin publicar, Departamento de Servicios Académicos, Colegio de Postgraduados, Chapingo, 1982.

[d] Material de entrevistas realizadas entre 1981 y 1982. Los profesionistas de los campos que no se caracterizan por el examen de admisión se valen de diversos medios para obtener un empleo en el sector público. Los abogados dependen de las re-

la figura 1. El círculo se cierra cuando los desempleados y los desencantados se convierten en una forma de presión social resentida por el Estado. Este fenómeno no ha ocurrido todavía en México, pero sí en otros países, como la India.

Inscripción escolar y deterioro académico

Destacados profesionistas están familiarizados con el patrón que se presenta en la figura 1. Los que enseñan en las universidades consideran que el cambio más importante operado en las últimas dos décadas ha ocurrido en el nivel de las inscripciones. El crecimiento del cuerpo estudiantil ha repercutido en la organización académica, la enseñanza, el aprendizaje y la práctica profesional. Entre 1966 y 1979, el número de estudiantes y maestros de la UNAM aumentó 430% y alcanzó la cifra de 402 601.[8] En ingeniería petrolera, por ejemplo, los des-

---

comendaciones de las camarillas aparecidas en todo el sector público. Los arquitectos cuentan también con camarillas menos organizadas que compiten entre sí para obtener las mejores posiciones y contratos en la SAHOP. El escuelismo desempeña un papel muy importante en los campos de la ingeniería, a excepción de la Comisión Federal de Electricidad, donde el sindicato es el que da el visto bueno después de que los ingenieros que buscan empleo le han pagado una cuota. Cuando los funcionarios de la CFE desean controlar la calidad mediante exámenes de admisión (por ejemplo, en la contratación de ingenieros para construir y operar plantas de energía nuclear), debe negociar una dispensa especial con el sindicato, el que tolera pocas violaciones a su autonomía.

[8] Para 1966, ver Unión de Universidades de América Latina, *Censo Universitario Latinoamericano 1966-1969*, México: UDUAL, 1971, p. 715; para 1979, ver Universidad Nacional Autónoma de México, *Anuario Estadístico 1979*, México: Secretaría General Administrativa, 1980, pp. 169, 269.

FIGURA 1

El Estado, la capacitación profesional y el desempleo

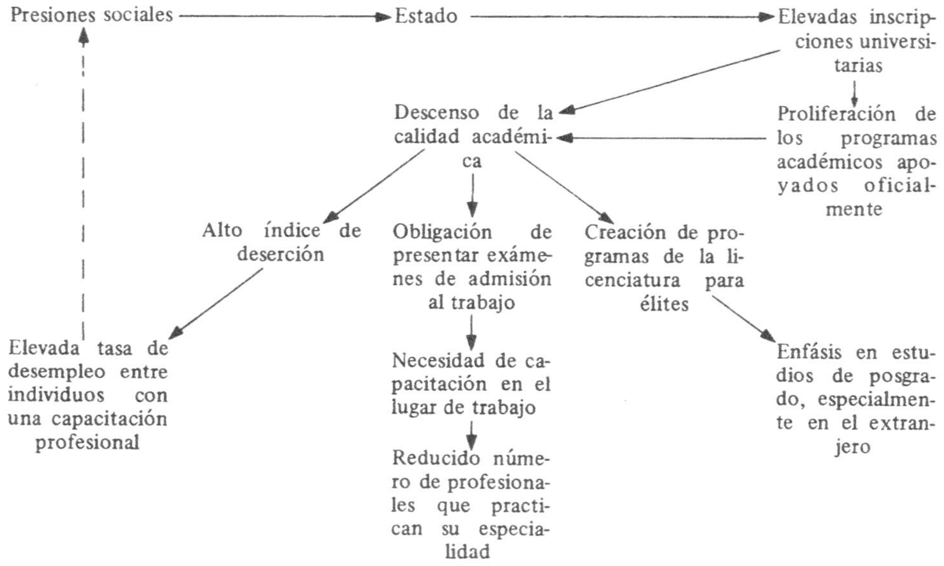

cubrimientos de reservas de petróleo y gas aumentaron el interés de los estudiantes por ese campo. De 1940 a 1980, se graduaron en la UNAM 674 ingenieros petroleros. En 1980, el programa contaba con 843 estudiantes inscritos, 65% de los cuales cursaban los dos primeros semestres.[9] No obstante, estas cifras resultan insignificantes comparadas con las de agronomía, que en 1980 contaba con cerca de 40 mil estudiantes en el país, y con las de medicina, que admite cerca de 25 000 estudiantes nuevos cada año, pese al desempleo creciente en el campo.

El descenso de la calidad académica se correlaciona con el creciente número de estudiantes que ingresan a las universidades, lo que el gobierno aparentemente fomenta con la creación de nuevas carreras universitarias en la ciudad de México y en la provincia. El deterioro académico es más evidente en las prácticas docentes y la escasa exigencia a los alumnos. Los profesores sienten que, en una clase de 200 o 300 estudiantes, ningún método didáctico común puede funcionar. La clase a la que dirigen su exposición es una multitud. Los estudiantes no pueden hacer preguntas y los profesores no tienen idea de la personalidad, la capacidad o el objetivo que persiguen los alumnos al tomar curso. La motivación del maestro declina. La falta de tiempo impide la discusión abierta en el aula, por lo que los profesores no tienen forma de verificar si los estudiantes los han entendido. Los estudiantes concluyen que si los maestros no les exigen ciertas habilidades analíticas y de aprendizaje, nadie lo hará. Desarrollan una actitud pasiva ante el cumplimiento de sus obligaciones y no profundizan en la

[9] Estadísticas sin publicar, Depatamento de Ingeniería del Petróleo, UNAM, 1981.

materia. Un experimentado profesor de leyes describió su impresión:

> Los estudiantes se transforman en una masa nebulosa de caras ante las cuales el profesor expone . . .bla, bla,bla. Los estudiantes simplemente escuchan. Esto sucede un día tras otro. (. . .) Las consecuencias son serias. Los estudiantes, que están mal preparados, terminan como jueces. Cuando el respetable jurista y el político se enfrentan en la corte, el juez favorece al político porque no conoce la ley lo suficiente como para entender la posición del jurista.[10]

Otro caso común es el de la actividad de elementos políticos de izquierda en los centros de enseñanza universitaria. Cuando eso sucede, la "grilla" política es el factor predominante en los departamentos. Los profesores son presionados para disminuir las exigencias y con frecuencia los maestros y jefes departamentales que no cooperan son forzados a salir.[11] La preocupación del estudiante por asuntos de política internacional, en los que poco puede influir, lo distrae de los asuntos académicos.

La proliferación de los programas universitarios a nivel de licenciatura ha sido más notoria en las área de medicina, leyes y economía, mientras que la UNAM y el Instituto Politécnico siguen siendo las instituciones públicas clave en la enseñanza de la ingeniería petrolera. Tradicionalmente, las principales escuelas de agronomía

10 Entrevista núm. 37 (ver anexo).

11 Larissa Lomnitz habla de "pandillas en lucha" en "Conflict and Mediation in a Latin American University", pp. 330-331. Ver también C.C. Guitián, *Las porras: estudio de caso de un grupo de presión universitaria,* tesis de licenciatura, Escuela de Ciencias Sociales y políticas, Universidad Nacional Autónoma de México, 1975.

habían sido las de Chapingo (Universidad Autónoma de Chapingo y Colegio de Postgraduados), Juárez (Escuela Superior Hermanos Escobar), Tecnológico de Monterrey (ITESM) y Saltillo (Universidad Autónoma Agraria Antonio Narro). Durante el gobierno de Echeverría, el Estado aumentó a más de 30 el número de escuelas con nivel de licenciatura, y a 10 las de nivel de maestría.[12] En derecho, la presión de los estudiantes para ingresar a los programas de estudio de provincia no ha sido tanto un resultado del interés de la juventud por la jurisprudencia como del deseo de hacer una carrera política. Las autoridades universitarias han pensado que se pueden iniciar esos programas designando a jueces y notarios públicos locales como profesores de medio tiempo y abriendo las puertas para que los estudiantes se inscriban. En 1982, existían en México 62 programas de leyes con reconocimiento oficial. Hasta 1910, México contaba sólo con 9 escuelas de medicina; en 1979, el número ascendía a 46, y se presionaba fuertemente para que más universidades de provincia ofrecieran diplomas médicos.[13] La dispersión de los recursos destinados a los programas de reciente creación es un obstáculo para mantener y mejorar la calidad de los ya existentes. Si bien el presupuesto total que asigna el gobierno a la educación profesional crece de día en día, cada vez son menores los fondos destinados a bibliotecas, laboratorios, aulas, investigación de los estudiantes y sueldos del cuerpo do-

[12] Ver Asociación Mexicana de Educación Agrícola Superior, *Información General*, México: AMEAS, 1980. La cifra de la ANUIES es de 38 programas de nivel de licenciatura en 1980.

[13] Ver Bernardo Sepúlveda (comp.), *Seminario sobre Educación Superior: Ponencias*, México: Colegio Nacional, 1979, especialmente pp. 127-159, donde se informa que el número de escuelas de medicina es de 55. La cifra de 46 se tomó del cuadro 2.

cente en instituciones específicas. Los bajos sueldos hacen que la enseñanza académica resulte una carrera poco atractiva a los ojos de los graduados con inquietudes intelectuales quienes serían más aptos para transmitir los conocimientos de generación en generación. El personal docente con talento es absorbido por el gobierno o por las empresas privadas. La relación maestros/estudiantes decrece. Los profesionistas de la enseñanza se desesperan con la situación. En las palabras de un economista:

> Los profesores de economía (en mi institución) ganan sueldos rídiculos. Cuando tratamos de solicitar un aumento, es como si estuviéramos pidiendo un favor personal. Las discusiones sobre el prespuesto son traumáticas e irracionales.[14]

Universidades privadas y estudios de posgrado

La disminución de la calidad académica ha provocado: a) la creación de universidades privadas que ofrecen programas de licenciatura para aquellos estudiantes que puedan pagarlos, b) un énfasis creciente en la realización de estudios de posgrado para poder calificar en el medio de trabajo profesional y c) que un mayor número de instituciones que ofrecen puestos a profesionistas impongan exámenes de admisión para seleccionar a los más competentes. Estos obstáculos consiguen desanimar a muchos estudiantes que nunca terminan sus estudios de licenciatura o no pasan los exámenes de selección de personal, y que terminan sumándose a las filas de desempleados profesionales.

Las carreras de universidades privadas han sobresalido en el campo de la economía, aunque existen también escuelas profesionales privadas en las áreas de medicina

14 Entrevista núm. 5.

(Universidad Autónoma de Guadalajara), agronomía (Instituto Tecnológico de Monterrey), y leyes (Universidad Iberoamericana). La Escuela Nacional de Economía de la UNAM fue fundada a mediados de los años treinta con el fin de proporcionar a los funcionarios públicos una visión más amplia que la de los simples contadores o abogados. Desde los años cincuenta, y en especial a partir del giro izquierdista de la escuela, las instituciones privadas se apresuraron a ofrecer una forma alternativa de instrucción a cambio de elevadas cuotas de inscripción y colegiaturas. Las carreras de economía del Instituto Tecnológico Autónomo de México (ITAM), del ITESM, de la Universidad Iberoamericana y de la Universidad Anáhuac ofrecen programas de estudio con sólidas bases técnicas, cuyo nivel académico se mantiene alto en parte porque los estudiantes pagan por su educación. La mayor facilidad con que estos estudiantes consiguen empleo en el sector público, si se compara con los graduados de la ENE, atrae más estudiantes a las universidades privadas y las hace más rentables.

Otra forma de eliminar aspirantes a los trabajos profesionales es instituir el posgrado como prerrequisito, en especial cuando debe ser realizado en países extranjeros. En los años cuarenta, el Banco de México envió a varios profesionistas jóvenes al extranjero para que se capacitaran en economía, y después de 1945 algunas fundaciones filantrópicas financiaron a agronómos mexicanos para cursar posgrado en Estados Unidos.[15] En 1959, se fundó el Colegio de Postgraduados de Chapingo, que fue

[15] Ver Roderic Ai Camp, *The Role of the "Técnico" in Policy Making in Mexico: A Comparative Study of Developing Bureaucracy*, tesis de doctorado, Universidad de Arizona, 1970, p. 44.

el primer programa de maestría en el país, y El Colegio de México empezó a ofrecer títulos de maestría en economía en 1965. El nivel mínimo de capacitación que un estudiante necesitaba para sobresalir en los campos de economía y agronomía ha sido rebasado a tal punto que un doctorado de alguna universidad extranjera (o al menos los cursos correspondientes terminados) es una condición *sine qua non* para una carrera prometedora. Una tendencia similar se observa en la ingeniería petrolera. Mientras que en 1940 muy pocos ingenieros petroleros tenían títulos de posgrado, la mayoría del personal de PEMEX y el IMP nacidos después de esa fecha han obtenido un título de maestría en el extranjero. En medicina la situación es ambigua. Las instituciones de salud pública estimulan a los médicos para que se especialicen, pero no en el extranjero, porque con frecuencia no regresan. El derecho es el único caso en que los estudios de posgrado no son determinantes para conseguir un buen puesto en el sector público o desempeñarse con éxito en la práctica privada o en la política.

El sector público ha reconocido el valor de los estudios de posgrado en el extranjero como medio para importar conocimientos. Sin embargo, su respuesta ha sido masiva, más que selectiva y sujeta a un control de calidad, y recuerda las políticas que han dado lugar a la inscripción de tantos estudiantes en el nivel de licenciatura. La perspectiva de grandes ingresos por petróleo alentó al Estado a buscar indemnidad en los números. CONACYT, Consejo Nacional de Ciencia y Tecnología, planeó entre 1976 y 1982 enviar 26 000 estudiantes al extranjero para estudios de posgrado.[16] Si todos estos

[16] Ver Cynthia Vice Acosta, "Conacyt: 26,000 Study Grants", *R&D México,* **2** (1) pp. 47-48 (octubre de 1981).

estudiantes regresaran con un título en la mano (no hay datos disponibles sobre la tasa de terminación de estudios), el país aumentaría su nivel de competencia profesional y científica. La crítica esgrimida en este caso es que, a través de dichos programas, los recursos del gobierno van a parar a instituciones extranjeras en lugar de servir para mejorar la calidad de los programas de licenciatura y posgrado en México. En las palabras de un escéptico:

> Visité las universidades norteamericanas y escuché cómo los administradores me explicaban que necesitaban estudiantes extranjeros para resarcir sus déficit operativos. Estamos enviando multitudes de estudiantes a Colorado, California y Washington para solucionar sus problemas, no los nuestros. Un profesor británico me dijo que era correcto ofrecer estudios de posgrado por debajo de las normas aceptadas, porque todo lo que esos estudiantes extranjeros necesitaban era una hoja de papel para convertirse en secretarios de gobierno ¡Esto es inmoral y nosotros somos los tontos útiles![17]

Los estudios de posgrado en el extranjero son promovidos por los estudiantes que los realizan, que esperan compensar la mala preparación de sus estudios de licenciatura, y por el Estado, ansioso por mostrar que se preocupa por el nivel de competencia profesional. En última instancia, los estudios de posgrado de cualquier clase tienen el efecto de prolongar la carrera universitaria y de crear nuevos obstáculos para el empleo profesional.

[17] Entrevista núm. 5.

Certificación profesional en el lugar de trabajo

Las instituciones empleadoras son las que certifican, *de facto,* el nivel de competencia profesional en México. Su principal instrumento es el examen de selección de personal, aplicado por profesionistas en muchas de las grandes dependencias o compañías que contratan a graduados universitarios en cantidades considerables. El jefe de personal típico se enfrenta a una serie de aspirantes con una amplia gama de antecedentes educativos y títulos nominales cuya calidad no puede aceptarse a primera vista. A lo largo del proceso de examinación, la institución que contrata a los profesionistas puede verificar los conocimientos y habilidades básicas del solicitante, pese a que trampas que encierran las pruebas estandarizadas son bastante conocidas. El patrón general es que aquellos que pasan la pruebas son los que han asistido a programas de licenciatura de alto nivel académico (lo que en muchos campos es sinónimo de universidades privadas) o que han cursado estudios de posgrado en el extranjero, lo que exige el conocimiento de una lengua extranjera.[18]

En medicina, el examen oficial permite a los médicos hacer la residencia en alguna de las instituciones de salud pública: IMSS, SSA, ISSSTE, PEMEX y DIF. El número aproximado de estudiantes que se presenta al examen es de 14 000 al año; sólo una décima parte lo aprueba y

[18] Ver Nigel Brooke, "Actitudes de los empleadores mexicanos respecto a la educación: ¿un test de la teoría del capital humano?", *Revista del Centro de Estudios Educativos,* 8 (4) pp. 109-132 (1978), donde descubre, a través de las entrevistas, que los organismos empleadores miran la calidad y la duración de la enseñanza formal como indicadores de qué tan fácilmente se puede capacitar y socializar a los nuevos empleados.

califica así para hacer el internado de tres años en algún hospital del Estado.[19] El resto puede escoger entre iniciar una práctica privada en alguna zona urbana saturada (o en alguna zona rural donde haya escasez de médicos) o unirse a las filas de médicos desempleados y buscar finalmente un empleo alternativo. Las estadísticas sobre la relación médico/población en las zonas rurales revelan que son muy pocos los que prefieren el campo;[20] la mayoría renuncia a sus ambiciones de llegar a hacer una carrera médica.

Las dependencias públicas que contratan a abogados, agrónomos, economistas e ingenieros petroleros también se valen de los exámenes de admisión para seleccionar a los candidatos más competentes. El Banco de México realiza exámenes de admisión cada año y descubre que sólo un pequeño porcentaje de los que aprueban el examen son graduados de la Escuela Nacional de Economía de la UNAM.[21] El Instituto Nacional de Investigación Agrícola aplica dos tipos de pruebas varias veces al año. Aproximadamente 45% de solicitantes reprueban el examen técnico, lo que impide al INIA contar con los recursos humanos que necesita para sus programas. Asimismo, realiza un test psicológico para valorar las posibilidades de adaptación al estilo de trabajo de la organización. Con frecuencia, los aspirantes que califican en estas pruebas pero que reprobaron el examen técnico

[19] Entrevistas núms. 4 y 12.

[20] Aunque en 1970 había sólo un médico por cada 474 habitantes del Distrito Federal, las cifras para Zacatecas eran de uno por cada 4 344, y para Chiapas de uno por cada 4 601. Ver CONACYT, *La Ciencia y la Tecnología en el sector medicina y salud: diagnóstico y política,* México: Consejo Nacional de Ciencia y Tecnología, 1976, p. 45.

[21] Entrevista núm. 8.

son aceptados en la institución y se les imparten cursos especiales para que afiancen sus conocimientos técnicos.[22] En el caso de PEMEX y el IMP, la demanda de ingenieros petroleros ha sido superior a la oferta; no obstante, exigen a los solicitantes que presenten exámenes de admisión para detectar la preparación deficiente de los que aprueban y poder así mejorar posteriormente su nivel. La Procuraduría General de la República y la del Distrito Federal, la Secretaría del Trabajo y la Suprema Corte de Justicia imparten también cursos en los lugares de trabajo para abogados acreditados, de forma tal que su nivel de competencia alcance el mínimo requerido.

La mayoría de los aspirantes sale del sistema en algún punto de su recorrido. Algunos de los que ingresan a la universidad con una carrera profesional en mente abandona pronto sus estudios por diversas razones: matrimonio, problemas económicos o falta de interés. Algunos otros (llamados egresados o pasantes) terminan sus cursos formales, pero no cumplen con exigencias de la tesis de licenciatura o con otros requisitos para recibirse, por lo que no se gradúan. El cuadro 1 indica que la proporción de "graduados" por "egresados" es baja.

[22] Entrevista núm. 22. Los contactos personales también influyen para obtener estos puestos, aunque los exámenes deben ser presentados de cualquier forma. Ver Larissa Lomnitz, Leticia Mayer y Marta W. Rees, "Recruiting Technical Elites: Mexico's Veterinarians", copia mimeografiada, Instituto de Estadísticas Aplicadas, Universidad Nacional Autónoma de México, 1982. En dependencias como PEMEX y la Comisión Federal de Electricidad (CFE), el sindicato interviene en el proceso, distorsionando los estándares de admisión. En la CFE, el sindicato no admite que la dirección efectúe exámenes, y los profesionales pagan directamente al sindicato para obtener sus posiciones.

Usualmente, aquellos que reprueban los exámenes de selección de personal engruesan las filas de los desempleados hasta resignarse a otras ocupaciones sin relación alguna con su preparación académica.

Durante los años setenta, los ingenieros petroleros y los agrónomos tenían poca dificultad para encontrar un empleo bien remunerado, pero era probable que la situación cambiara con el tiempo, cuando cada vez mayor el número de graduados que compitieran por un número limitado de trabajos. Un veterano de Chapingo pronosticó:

> El futuro de la agronomía se caracterizará por la presencia de muchos agrónomos malos. Tendrán que contentarse con puestos mal pagados o con los puestos de administración de rutina. Al mismo tiempo, habrá algunas élites en la profesión que estarán altamente calificadas en virtud de su amplia preparación académica, y son las que tendrán el dominio (prestigio y poder) de la profesión.[23]

Si esta predicción resulta cierta, el caso de la agronomía empezará a parecerse al de la economía, y es posible que sea también ésa la tendencia de la ingeniería petrolera.

Efectos de la falta de regulación

Sin regulación de ningún cuerpo oficial, las inscripciones en los programas universitarios han alcanzado proporciones descomunales. La enorme desproporción entre los empleos disponibles y el tamaño del cuerpo estudiantil indica que el Estado no quiere o no puede equilibrar la oferta y la demanda. La política de admisión apoya la

[23] Entrevista núm. 19.

tesis de que la capacitación profesional no es el propósito primordial de los programas universitarios. Según esa tesis la universidad representa más bien un medio para proporcionar actividad temporal y prestigio a los jóvenes de extracción socioeconómica modesta, que de no asistir a la universidad, trabajarían marginalmente y podrían convertirse en elementos antisociales o emprender acciones en contra del sistema político. Algunos estudiantes perseveran hasta el punto de alcanzar algún diploma y unos cuantos logran su meta inicial de hacer una carrera profesional. Los pocos casos de los candidatos que tienen éxito ayudan a transferir el peso de la responsabilidad de los fracasos restantes a cada individuo en particular y diluir las posibilidades de una acción colectiva que pudiera originarse en el descontento. Cabe pensar que, en un futuro, la actividad política de los profesionistas desempleados llegue a representar una forma de presión para el Estado y lo obligue a efectuar cambios fundamentales en los patrones actuales.

La política de admisión abierta en las universidades públicas se justifica por la oportunidad que ofrece a un gran número de estudiantes de baja extracción social de ingresar a alguna profesión. Sin embargo, los caminos alternativos para alcanzar el éxito son tortuosos e incluyen el paso por diversas instituciones educativas que hacen más énfasis en la calidad que en la cantidad. En última instancia, los "ganadores" en el juego de la educación profesional son los que tienen antecedentes familiares muy diferentes del perfil socioeconómico de las clases que ingresan a la UNAM. Usualmente, los profesionistas con empleos bien remunerados proceden de las clases privilegiadas, lo cual, según la retórica oficial, es un resultado contrario a los supuestos objetivos de la educación profesional masiva.

PROMOCIÓN ORGANIZADA DE LOS INTERESES PROFESIONALES

Los profesionistas aspiran a avanzar en sus carreras. Con frecuencia, la acción colectiva ayuda a lograr este objetivo. La opinión generalizada es que las asociaciones profesionales formales actúan en nombre de los intereses de sus miembros y favorecen el progreso individual de los mismos. En México, sin embargo, las asociaciones profesionales formales no son instrumentos sociales apropiados para proteger los intereses de la profesión en su conjunto, y rara vez impulsan de manera directa la carreras personales de sus integrantes. Han sido otras formas de organización las que han surgido en México para dar respuesta a las ambiciones profesionales de empleo, ingresos y prestigio.

En su trabajo sobre las asociaciones profesionales, Geoffrey Millerson sostiene que los objetivos generales de la asosiación profesional son organizar, calificar y promover el estudio, constatar niveles de competencia y preservar normas profesionales aceptables.[1] Dice también que sus funciones secundarias son elevar el *status* profesional, controlar el ingreso a la profesión, proteger

[1] Geoffrey Millerson, *The Qualifying Associations*, Londres: Routledge and Kegan Paul, 1964, pp. 28-32.

a la profesión y al público, actuar como un grupo con intereses propios, fomentar la actividad social y ofrecer beneficios de tipo social. Millerson señala que las asociaciones profesionales evolucionan hacia unas u otras de esas funciones y centra su atención en las asociaciones encargadas de establecer los requisitos necesarios para iniciarse en la práctica de una ocupación determinada.

La taxonomía de Millerson es un punto de partida útil para analizar las asociaciones profesionales en las sociedades capitalistas liberales, objetivo más importante ha sido el excluir del mercado a los que no tienen capacitación y a los no iniciados.[2] Dice que las asociaciones profesionales se fundaron en Europa y en Estados Unidos para combatir la charlatanería y el fraude. Antes de su consolidación el mercado estaba inundado de supuestos doctores, cirujanos, abogados e ingenieros. Por su pertenencia a una asociación, los individuos obtenían una "carta de crédito" que daba constancia de sus méritos. En consecuencia, la asociación profesional podía regular el mercado. Esto se tradujo en un aumento de los honorarios de los profesionistas debidamente acreditados, en especial desde que la legislación estipuló que sus servicios eran obligatorios para determinadas transacciones.

Las asociaciones profesionales ayudaron también a moderar la iniciativa personal. Aun cuando el número de los profesionistas acreditados era reducido, sus intereses colectivos no se veían favorecidos cuando competían desenfrenadamente entre sí por ganar clientes. Estimularon la especialización y el decoro. Alentaron a los profesionales a concentrarse en una parte limitada de sus campos y estimularon su participación dentro de la misma. La

[2] Ver también Magali Sarfatti Larson, *The Rise of Professionalism*, Berkeley: University of California Press, 1977, p. 15.

asociación profesional alentó a los profesionistas a tratar sus diferencias "en casa" para no correr el riesgo de que el Estado o algún otro cuerpo oficial usurpara su derecho a la autorregulación, lo que suprimiría la autonomía de la profesión. Los profesionistas reconocieron el valor de este criterio y fueron renuentes de desacreditar a sus colegas, ya sea directamente (por ejemplo, atestiguando en su contra en las cortes civiles) o indirectamente (mediante publicidad, lo que se consideraba con frecuencia poco ético).

En coordinación con la universidad, la asociación prototipo establecía los límites del conocimiento base de la profesión y certificaba las técnicas aceptables dentro del mismo. Las personas o grupos que usaban una metodología que salía de estos límites eran denunciadas como aficionados e incluso como peligrosos. Cuando tales elementos reacios amenazaban el monopolio de la profesión, la asociación se organizaba con rapidez y con frecuencia recurría a canales legales. De manera simultánea, la asociación profesional era responsable de actualizar a sus miembros en cuanto a nuevas formas de ejercicio profesional. Así, los seminarios, las revistas y la investigación eran parte importante de las actividades de la asociación.

Una asociación profesional activa proporcionaba múltiples oportunidades para que los profesionistas se interrelacionaran. En estos encuentros, se encontraban amistades, socios comerciales y discípulos jóvenes. El hecho de ser designado para un puesto de liderazgo en la asociación confería un prestigio incuestionable. Para los profesionistas jóvenes, dedicar su tiempo a las actividades de la asociación representaba un periodo de prueba y un medio de mejorar sus oportunidades de empleo y sus ingresos.

En Gran Bretaña y en Estados Unidos, las asociaciones profesionales han limitado su intervención en la política gubernamental a los asuntos directamente relacionados con la profesión, tales como la certificación y el apoyo para estudios superiores. De hecho, estas asociaciones son conscientes del poder del Estado y no tienen interés en provocar inútilmente a los dirigentes o legisladores gubernamentales con asuntos que no afecten directamente sus ingresos y su autonomía. La asociación no busca injerencia en asuntos marginales a los de su más discreto interés, por temor a una reacción en cadena. Las partes agraviadas podrían examinar de cerca el conjunto de mitos con los que la profesión se justifica a sí misma y podrían encontrarlos poco consistentes. Al limitar su cabildeo a asuntos de interés inmediato, evita riesgos, fortalece su proclama de "profesionalismo" y retiene su máxima influencia sobre cuestiones pertinentes, las cuales implican generalmente mantener al Estado alejado de las áreas controladas por sus miembros y evitar la competencia que pueda presentarse desde fuera.

Estas afirmaciones se refieren a la asociación profesional ideal en las sociedades capitalistas liberales. En realidad, cabe hacer por lo menos tres aclaraciones sobre esa conceptualización ideal. En primer lugar, las asociaciones profesionales en estas sociedades rara vez están integradas por completo y son participativas.[3] El liderazgo tiende a ser oligárquico. Sólo un reducido número de profesionistas sostiene la organización desde su centro, y la periferia es pasiva. Los miembros ordinarios se reúnen principalmente por razones de certificación o para estar "en buenos términos". En segundo lugar, el

[3] Ver Wilbert E. Moore, *The Professions: Roles and Rules*, Nueva York: Russel Sage Foundation, 1970, pp. 157-173.

otorgamiento de licencias y la autorregulación suelen tener poco valor para proteger al público, puesto que los profesionistas se muestran reacios a criticar o corregir a sus colegas. "Ya sea en medicina, derecho o en cualquier otra ocupación privilegiada, es común encontrar criterios efímeros y proclamas de capacidades especiales, solidaridad al interior del grupo y encubrimiento, así como una ausencia de cuerpos reguladores activos o poderosos; todos estos factores se combinan para que el control profesional destaque más por caso omiso que por observancia".[4] En tercer lugar, aunque algunas asociaciones profesionales mexicanas se guían por ideales liberales, México no es un país capitalista liberal y las asociaciones profesionales no deberían ser valoradas con base en una dimensión errónea.

[4] Maurie Haug, "The Sociological Approach to Self-Regulation", en Roger D. Blair and Stepehen Rubin (comps.), *Regulating the Professions*, Lexington, Massachusetts: D.C.: Heath & Company, 1980, p. 74. De manera similar, Arlene Kaplan Daniels sostiene que la "historia de las profesiones y del profesionalismo no parece apoyar realmente el argumento de que la autonomía profesional promueve las normas elevadas en el ejercicio de las mismas. En lugar de eso, se observa que mientras más poderosa es la profesión, mayor es la negligencia en todo lo que atañe al servicio al público y mayor también el ahínco con que se promueven los intereses personales de los practicantes". Ver "How Free should Professions Be?", en Eliot Freidson (comp.), *The Professions and their Prospects*, Beverly Hills, Caifornia: Sage Publications, 1973, p. 55. Las asociaciones profesionales se muestran renuentes a proporcionar datos sobre los casos registrados de incompetencia, faltas de tipo ético, censura y expulsiones. Una excepción es el *Institute of Chartered Accountants* en Inglaterra y Gales, cuyas acciones disciplinarias de 1949 a 1962 consistieron en 10 expulsiones, 11 suspensiones, 77 reprimendas y 25 amonestaciones, todas las cuales representan el .02% de los miembros practicantes cada año. Ver Millerson, *Qualifying Associations*, pp. 176-177.

Los capítulos previos sugieren algunas de las diferencias entre la evolución de las profesiones en México y otras sociedades. El Estado mexicano tiene más poder y dominio sobre las profesiones. La educación escolarizada, en sí y por sí misma, no restringe el acceso a las profesiones; de hecho, la política de admisión abierta inunda las profesiones. Ninguna de las profesiones estudiadas en esta obra es predominantemente liberal, en el sentido de que el profesionista típico interactúa sobre todo con sus clientes particulares. Las dependencias gubernamentales son las fuentes de trabajo más importantes incluso para los médicos.

La literatura sobre el tema trata con ligereza la organización profesional en los países centralizados, corporativistas o del Tercer Mundo en general. En la Unión Soviética, las asociaciones profesionales constituidas en forma independiente son poco comunes, y ni los abogados ni los economistas cuentan con asociaciones profesionales nacionales.[5] Los escritores son una excepción, pero "las funciones y libertad de expresión del Sindicato de Escritores son controladas directa o indirectamente por el Estado o, para ser más preciso, por el Partido Co-

[5] Ver Richard W. Judy, "The Economists", y Donald D. Barry y Harold J. Berman, "The Jurists", en H. Gordon Skilling y Franklin Griffiths (comps.), *Interest Groups in Soviet Politics,* Princeton: Princeton University Press, 1971, pp. 209-251, 291-333. Nicolas Lambert describe los medios que el Estado soviético utilizó en el periodo 1928-1935 para debilitar el sentido de lealtad corporativo de los profesionistas y reorientarlo hacia las metas de la Revolución. Después de la fase inicial, los directivos de las empresas estatales lograron una cierta autonomía profesional determinando la forma en que alcanzarían las metas de producción. Ver Lambert, *The Technical Intelligentsia and the Soviet State,* Nueva York: Holmes and Meier, 1979. L.G. Churchwood escribe que las asociaciones profesionales "que represen-

munista".[6] La mayoría de los profesionistas expresa sus intereses por medio de su academia científica o lugar de trabajo. Sus intereses profesionales se reducen a asuntos laborales, o bien, se unen a los intereses del cuerpo burocrático. Las asociaciones profesionales de sistemas parecidos al corporativismo no han sido investigadas. Como una inferencia de las teorías del corporativismo, se podría pensar que los grupos profesionales son no conflictivos, orientados hacia la comunidad, globales (*i.e.*, exigen la afiliación de todos los profesionales acreditados) y sujetos a la conducción estatal.[7]

---

tan grupos profesionales particulares dentro de la intelectualidad no tienen mucha importancia en la Unión Soviética. (. . . .) Las organizaciones profesionales existentes pueden ser de dos tipos: las que están organizadas directamente por el Partido a fin de incrementar el control ideológico sobre las secciones estratégicas de la intelectualidad, tales como la de los escritores, y las organizaciones de segmentos particulares de los intelectuales, en las que la organización es casi una condición para (. . .) participar en conferencias internacionales. (. . .) Las asociaciones descritas no tienen en realidad vida propia". Churchwood, *The Soviet Intelligentsia*, Londres: Routledge and Keagan Paul, 1973, pp. 63-64.

[6] Ernest Simmons, "The Writers", en Skilling y Griffiths, *Interest Group in Soviet Politics*, p. 253. Para una perspectiva bien documentada, pero de fecha anterior, ver Nicolas DeWitt, *Education and Professional Employment in the U.S.S.R.*, Washington: U. S. Government Printing Office, 1961. Un análisis soviético asevera que la ciencia está siendo "institucionalizada" como una profesión de masas, "mientras que la planeación de la investigación, la cantidad de personal y la distribución de las instalaciones científicas son centralizadas". Ver D. M. Gvishian *et al.*, *The Scientific Intelligentsia in the USSR*, p. 39.

[7] Ver David Collier y Ruth B. Collier, "Who does What, to Whom, and How: Toward a Comparative Analysis of Latin America", en James M. Malloy (comp.), *Authoritarianism and Corporatism in Latin America,* Pittsburgh: University of Pittsburgh Press, 1977, pp. 489-512.

Las organizaciones profesionales mexicanas no pertenecen exactamente a ninguna de estas categorías, aunque cada modelo sugiere rasgos observados en una u otra de las agrupaciones profesionales. Sin embargo, el instinto protector entre los profesionistas existe en México tanto como en otras partes.[8] La diferencia consiste en que los profesionistas mexicanos, para favorecer sus intereses individuales o colectivos, recurren a otras formas de organización, o bien amoldan los rasgos formales de las asociaciones profesionales de manera que se ajusten al sistema mexicano. Los grupos más importantes son los que están ligados a partidos políticos, grupos informales de individuos que se deben lealtad mutua, asociaciones de exalumnos universitarios, sindicatos obreros y grupos con intereses propios dentro de las dependencias gubernamentales. Cada profesión se caracteriza en México, en forma predominante, por alguna de estas formas, pero no todas son igualmente eficaces. Todas coexisten con las asociaciones profesionales formales, cuya vitalidad y alcances difieren entre sí según las condiciones históricas que afectaron la evolución de cada profesión.

En general, las principales asociaciones profesionales en cada campo ofrecen oportunidades para la expresión social, un cierto prestigio para los individuos designados para puestos de liderazgo, una revista (de tiraje reducido) y el patrocinio de seminarios o reuniones ocasionales; no definen el cuerpo básico de conocimientos de su campo

[8] En Nigeria, por ejemplo, los curanderos tradicionales se han organizado en asociaciones profesionales regionales desde el siglo XIX por lo menos. Ver D. D. O. Oyebola, "Professional Associations, Ethics and Discipline among Yoruba Traditional Healers of Nigeria", *Social Science and Medicine,* 15B:2, abril de 1981, pp. 87-92.

ni regulan el ingreso a la profesión, no moderan las iniciativas personales ni facilitan la búsqueda de empleo. Estas funciones son simplemente ignoradas o están a cargo de otras estructuras de organización. Algunas de esas otras formas han dado prueba de su utilidad, por lo que los profesionistas las han encontrado atractivas. Pueden funcionar como sistemas informales de empleo o como garantes de ingresos; asimismo, han ayudado a ubicar a profesionistas en altos puestos del sector público y en algunas ocasiones han influido en las políticas gubernamentales relacionadas con sus campos.

La mayor parte de los grupos profesionales considera que las actividades de sus asociaciones profesionales formales son triviales. Muchas profesiones encuentran ventajoso el establecer vínculos con partidos políticos o el restringir sus actividades de organización al periodo cercano a las elecciones presidenciales. Los grupos motivados por cuestiones de lealtad recíproca (camarillas) predominan entre los abogados; las asociaciones de exalumnos entre los agrónomos; las agrupaciones gremiales entre médicos en las dependencias del sector de salud, y los sindicatos que incorporan tanto a profesionistas como a trabajadores entre los ingenieros petroleros. Los economistas parecen haber constituido una asociación profesional de nivel nacional que abarca y trasciende muchos de los elementos privativos de las estructuras antes descritas. El Colegio Nacional de Economistas es una agrupación ambiciosa que intenta desempeñar funciones profesionales a pesar de las limitaciones que impone el sistema.

Asociaciones profesionales formales

La Ley de Profesiones dictamina que cada profesión

debe contar por lo menos con una asociación profesional que persiga los siguientes objetivos: estimular a los graduados a que registren sus títulos, elaborar una lista de los profesionistas en ejercicio, proponer tarifas y honorarios, colaborar con las universidades en la planeación de los programas de estudio, actuar como árbitros en conflictos profesionales, denunciar violaciones a la ley, sancionar a los miembros que no respeten las normas profesionales y consultar con el gobierno sobre cuestiones de interés mutuo. Además, la ley establece que pueden registrarse, en el Registro General de Profesiones, hasta cinco asociaciones profesionales en el Distrito Federal y en cada estado.[9]

La asociación profesional más antigua, considerada hoy en día como uno de los colegios nacionales, es el Ilustre y Nacional Colegio de Abogados, cuyos orígenes se remontan a 1760. Algunos otros colegios similares y sus fechas de fundación son: la Academia Nacional de Medicina (1864), el Colegio de Arquitectos (1945), el Colegio de Ingenieros (1946), el Colegio Nacional de Ingenieros Agrónomos (1947), el Colegio Nacional de Economistas (1952) y el Colegio Nacional de Ingenieros Petroleros (1973).[10] El cuadro 2 presenta información sobre las principales asociaciones profesionales en México, incluyendo aquéllas vinculadas al PRI.[11]

[9] Ver México, Secretaría de Educación Pública, *Ley de Profesiones (Reformas)*, México: Dirección General de Información, 1974.

[10] Información obtenida de las organizaciones respectivas por Araceli Marín.

[11] La siguiente es una lista parcial de otras asociaciones profesionales en diversos campos: Medicina: Asociación de Médicos Mexicanos, Asociación Mexicana de Ginecología y Obstetricia, Sociedad Mexicana de Pediatría, Asociación Médica del ISSSTE,

La opinión general de los profesionistas es que estas asociaciones son ineficientes. La Academia Nacional es la primera asociación profesional reconocida oficialmente y sólo se es miembro de la misma por invitación. Similar a lo que Millerson caracteriza como asociación de prestigio, consiste en un grupo selecto de médicos cuyo talento y experiencia en el campo son incuestionables. Sin embargo, su influencia es limitada; ni siquiera los médicos que pertenecen a ella la consideran como su asociación médica representativa. El consenso entre los miembros destacados de la profesión es que la medicina no es un

---

Asociación Médica Diagnóstico Nacional, Asociación Médico-Quirúrgica, Colegio Nacional de Médicos Militares, Federación Mexicana de Asociaciones de Ginecología y Obstetricia, Fundación Mexicana de Cardiología, Asociación Mexicana de Facultades y Escuelas de Medicina, Asociación Mexicana de Gastroenterología, Sociedad Mexicana de Hematología, Academia Mexicana de Cirugía. Ingeniería: Asociación de Ingenieros y Arquitectos de México, Asociación de Ingenieros Universitarios Mecánicos Electricistas, Asociación Mexicana de Ingenieros Mecánicos y Electricistas, Asociación Mexicana de Ingenieros Industriales, Colegio de Ingenieros Mecánicos y Electricistas, Colegio de Ingenieros y Arquitectos del Ejido de México, Instituto Mexicano de Ingenieros, Asociación de Ingenieros de Minas Metalúrgicas y Geólogos de México, Asociación de Facultades y Escuelas de Ingeniería, Colegio Nacional de Ingenieros y Arquitectos de México, Asociación de Técnicos, Ingenieros y Profesionales. Derecho: Asociación Nacional de Abogados de Empresas. Agricultura: Asociación Nacional de Egresados de la Escuela Superior de Agricultura, Confederación Agronómica Mexicana. Ingeniería petrolera: Colegio de Ingenieros Químicos y Petroleros de la Ciudad de México, Instituto Mexicano de Ingenieros Químicos. Economía: Sociedad Mexicana de Planificación, Economistas Precursores Universitarios. Arquitectura: Colegio de Arquitectos de México. Contabilidad: Colegio de Contadores Públicos de México, Instituto Mexicano de Contadores Públicos, Asociación Nacional de Contadores.

Cuadro 2

Asociaciones profesionales en México, 1982

Campo profesional	Nombre de la principal asociación Fecha de Fundación Miembros (aprox.) Título de la revista Suscripciones pagadas (aprox.)	Nombre de otras asociaciones registradas oficialmente en el Distrito Federal	Nombre de las asociaciones profesionales afiliadas al PRI
Leyes	Ilustre y Nacional Colegio de Abogados 1760 204 *Contemporánea* (último número en 1976) 2 000	Barra Mexicana Asociación Nacional de Abogados Colegio del Sindicato de Abogados del Distrito Federal Colegio de Abogados "Foro de México" Federación Nacional de Colegios de Abogados	Abogados Revolucionarios de México Federación de Abogados Mexicanos Asociación Nacional de Abogados "Belisario Domínguez"
Medicina	Academia Nacional de Medicina 1864 340 *Gaceta Médica de México* (mensual) 5 000	Colegio Nacional de Médicos Cirujanos "Dr. Eduardo Liceaga" Colegio de Cirujanos. Colegio de Médicos "Postgraduados del Hospital General del Centro Médico Nacional del IMSS" Federación Nacional de Colegios de la Profesión Médica	Agrupación Política de Médicos Mexicanos Asociación Nacional de Médicos Revolucionarios Congreso de la Medicina

Arquitectura	Colegio de Arquitectos de México 1945 2 700 *Arqtuitectura y sociedad* (mensual) 8 500	Colegio Nacional de Ingenieros y Arquitectos Colegio de Maestros en Arquitectura, Restauradores de Sitios y Monumentos Federación de Colegios de Arquitectos de la República Mexicana	Agrupación de Arquitectos Revolucionarios Agrupación Femenina de Arquitectos
Ingeniería Civil	Colegio de Ingenieros Civiles 1946 5 900 *Ingeniería civil* (quincenal) 6 000	Ninguna	Sociedad Mexicana de Ingenieros Vanguardia de Arquitectos e Ingenieros Asociación de Ingenieros Industriales, Mecánicos, Electricistas y Químicos del Estado de Michoacán

Agronomía	Colegio de Ingenieros Agrónomos 1947 2 000 *Ingeniería Agronómica* (mensual) No disponible	Ninguna	Confederación Nacional de Organizaciones Agronómicas Asociación Mexicana de Profesionistas Forestales
Economía	Colegio Nacional de Economistas 1952 3 000 *El Economista **mexicano*** (quincenal) 3 000	Ninguna	Federación Mexicana de Mujeres Economistas Asociación Mexicana de Economistas al Servicio del Estado Asociación Mexicana de Profesionales de la Economía Frente de Economistas Mexicanos Economía y Comercio Exterior Liga de Economistas Revolucionarios de la República Federación Nacional de Mujeres Economistas, (FENAME)

Ingeniería petrolera	Colegio de Ingenieros Petroleros 1973 1 200 ***Boletín informativo*** 1 200	Colegio de Ingenieros de Minas, Metalurgistas, Petroleros y Geólogos de México Asociación de Ingenieros Petroleros	Ninguna

Fuente: Columna 1: Información proporcionada por las asociaciones profesionales respectivas; columna 2: Dirección General de Profesiones; columna 3: Comité Ejecutivo Nacional, Confederación Nacional de Organizaciones Populares, Partido Revolucionario Institucional.

gremio profesional en México, y que la Academia no es una corporación con intereses propios. Una de las principales funciones de la Academia es actuar como órgano de consulta para el gobierno, y es capaz de formar grupos de estudio en casi todas las especialidades, incluidas medicina veterinaria e ingeniería sanitaria. Sin embargo, son muy pocos los funcionarios públicos que consultan a la Academia para conocer su opinión sobre asuntos relacionados con la salud pública o la organización de los servicios de salud. La Academia dedica gran parte de sus esfuerzos a la promoción de las especialidades médicas en México.

En otras asociaciones profesionales se observan patrones similares. El Colegio de Ingenieros Agrónomos se creó a raíz de la ley del 23 de diciembre de 1944, la cual estipulaba que cada profesión debía contar con un cuerpo oficial representativo. Todos aquellos que tienen registrados sus títulos en el Registro General de Profesiones pueden aspirar a ser miembros. En principio, el Colegio no persigue fines políticos y tiene la facultad de realizar actividades formales para fortalecer la profesión. Muy pocos agrónomos consideran que el Colegio ha difundido realmente los valores profesionales, mejorado el nivel de competencia o ayudado a establecer prioridades nacionales.[12] En relación con el Ilustre y Nacional Colegio de Abogados, un abogado joven y prometedor, que ya había alcanzado una posición importante en el sector paraestatal, comentó:

> Hay una falta de interés entre los abogados por las asociaciones profesionales. Nadie se preocupa por el

[12] Entrevista núm. 26 (ver Anexo).

> Colegio de Abogados. ¿Por qué? Nadie tiene tiempo para asistir a las reuniones.[13]

Un profesor universitario explica:

> Hay muchos órganos supuestamente representativos de la profesión de leyes. Ninguno tiene la autoridad moral para representar lo que los abogados han estudiado. Es posible que existan cincuenta de estas agrupaciones que aseguran representar a todos los abogados, y el Ilustre y Nacional Colegio es tan sólo una más. (...) Nosotros tres ahora mismo podríamos formar una asociación de abogados, pero no significaría nada.[14]

Las asociaciones relacionadas con la ingeniería petrolera parecen acercarse más (entre las profesiones que fueron estudiadas) al modelo contemplado por el código legal y los estatutos. El papel del Colegio de Ingenieros Petroleros es funcionar como órgano de consulta para la industria estatal sobre asuntos de desarrollo petrolero, y promover un mayor conocimiento del campo. El Colegio organiza seminarios y reuniones, estimula la capacitación profesional, facilita conferenciantes sobre política petrolera a los grupos cívicos y da publicidad a los programas universitarios. Una organización paralela es la Asociación de Ingenieros Petroleros, fundada en 1959, cuya política de admisión abierta acepta a ingenieros químicos y mecánicos, a empleados de PEMEX y a representantes de las compañías privadas que abastecen la industria petrolera. En su calidad de asociación no política, lo que ofrece es encuentro de amistades, interacción profesional

[13] Entrevista núm. 36.
[14] Entrevista núm. 37.

y conferencias, una revista y un plan de seguro de vida colectivo. Los discursos de sus reuniones mensuales tratan temas de interés general, y su congreso anual, al que asisten miembros y no miembros, ofrece premios para los mejores trabajos académicos. La Asociación permite la interacción con otras instituciones e individuos relacionados con el campo petrolero. La participación en las actividades de la Asociación, más aún que en las del Colegio, ha ayudado a impulsar las carreras de los ingenieros jóvenes de PEMEX.

La popularidad de las asociaciones de ingeniería petrolera se explica en parte por el descontento profesional que existe en torno a la principal organización del campo, el sindicato general de PEMEX, al que deben afiliarse prácticamente todos los ingenieros. Al parecer, los abusos y la corrupción del sindicato han inducido a los ingenieros petroleros a buscar abrigo en las asociaciones, cuyos miembros comparten valores y extracción de clase comunes. Más adelante en este capítulo se estudiará con más detalle el sindicato de PEMEX. Sin embargo, la mayoría de los profesionistas considera que, en general, sus asociaciones formales no contribuyen a proteger y beneficiar sus intereses.

Puestos políticos

Con frecuencia, los individuos dentro de las asociaciones profesionales constituidas formalmente buscan ocupar puestos de liderazgo en la asociación para hacerse notar ante las autoridades políticas, y organizan grupos de profesionistas para apoyar a los candidatos del PRI a la presidencia de la nación. En estos casos, las funciones formales de la asociación profesional se dejan de lado en razón de los esfuerzos realizados para congraciarse con el sistema político. En el primer caso, los profesionistas con ambiciones políticas toman las providencias necesarias para ser "elegidos" como dirigentes de alguno de los grupos profesionales "representativos", de forma tal que puedan solicitar legítimamente una audiencia con las autoridades públicas y presentarse como posibles candidatos para algún puesto en la burocracia. En el segundo caso, los profesionistas se sirven de la necesidad de legitimación de los políticos en un sistema político unipartidista. Los políticos están ansiosos de contar con el respaldo de los profesionistas, cuya amplia visión política está supuestamente a la altura de su preparación técnica. Si los profesionistas se aventuran a hacer público su apoyo a un candidato que todavía no ha sido confirmado, aumentan considerablemente las perspectivas de ser recompensados con puestos burocráticos y políticos si dicho candidato resulta victorioso. Estos patrones han predominado recientemente en agronomía contabilidad y leyes.

La Confederación de Organizaciones Agronómicas es la asociación profesional de agronomía vinculada con el PRI. Fundada en 1922 como la Sociedad Agronómica Mexicana, se le considera parte de la Confederación Nacional Campesina (CNC), uno de los tres pilares del PRI. (los otros dos son el sector obrero y el sector popular). Tradicionalmente han apoyado la reforma agraria, pero sus posturas políticas son ambiguas frente a las tendencias políticas en boga. El dirigente de la Confederación tiene un compromiso tácito de lealtad con el presidente en turno del país.

Los agrónomos obtienen altos puestos en el gobierno llevando al máximo su actuación personal y profesional de forma tal que proyecte una imagen favorable ante el sistema político. Cultivan una reputación de eficiencia e integridad ante la Secretaría de Agricultura, ante otras secretarías, ante el futuro presidente y ante el presidente en turno. Aunque siempre pueden ocurrir cambios imprevistos dentro de un mismo sexenio, la perspectiva de la mayor parte de los agrónomos es a largo plazo; desean saber dónde estarán cuando se haga la distribución de empleos en el sexenio siguiente. Hacen juicios sobre la identidad del futuro presidente y del agrónomo que será consultado por el mismo para decidir los ocupantes de los puestos clave en las dependencias de agricultura.

Antes de las elecciones presidenciales, se eleva la importancia de la Confederación de Organizaciones Agronómicas y el Colegio de Ingenieros Agrónomos. Cuando los aspirantes políticos empiezan a reunirse alrededor de cada uno de los candidatos potenciales del PRI, necesitan establecer lazos con los agrónomos. Dado que no necesariamente conocen los nombres de los agrónomos más competentes, consultan con las asociaciones profesionales. El director de una de estas asociaciones tiene entonces una valiosa oportunidad para moldear su propio futuro y convertirse tal vez en el agrónomo "oficial" de uno de estos grupos. Si corre con suerte, todo saldrá bien. Sin embargo, dado que hay muchos precandidatos, la adhesión abierta a uno de ellos puede ser riesgoza. En el régimen de Echeverría, López Portillo era un candidato insospechado, por lo que no se formó ningún grupo a su alrededor. Los agrónomos se fueron tras la pista de otros candidatos. Cuando fue electo, López Portillo evitó conscientemente la designación de los agrónomos que habían apoyado de manera activa a sus adversarios. Los agrónomos aprendieron la lección y se volvieron mucho más circunspectos para manifestar sus preferencias políticas antes de que el sucesor de López portillo fuera anunciado.[15]

En el periodo preelectoral, las asociaciones profesionales vuelven a la vida, y las elecciones internas tienen una importancia vital. El líder profesional, si sabe jugar sus cartas, se encontrará en una posición excelente para promoverse hacia un buen puesto en el gobierno. En algunas ocasiones surgen organizaciones transitorias. En los meses que precedieron al destape del candidato del PRI para las elecciones de 1982, el subsecretario de Programación y Presupuesto, Ramón Aguirre Velázquez, un contador público, fundó una asociación de "contadores al servicio del Estado". Integrada nominalmente por 10 000 miembros, su propósito principal era el de declarar su apoyo a la candidatura de Miguel de la Madrid para la nominación del PRI. La acción se convirtió en *cause célèbre,* ya que precedió al destape por seis meses. La crítica a Aguirre Velázquez fue general, a excepción del grupo de De la Madrid, puesto que había violado la petición del presidente López Portillo de manejar el proceso electoral con discreción, Más aún, su cálculo político era criticado, pues hubiera puesto en peligro su propio futuro si De la Madrid no hubiera resultado ganador. Pero, de hecho, a partir del momento en que De la Madrid fue electo candidato del PRI, el futuro de Aguirre como miembro del gabinete se vio asegurado. Reflexionando sobre el asunto de los contadores, un informador bromeaba: "De la misma manera, ya cerca de las elecciones, surge una asociación de vendedores de chicles y otra de farmacéuticos que mandan imprimir un papel membretado que durará tanto como la campaña misma".[16]

15 Entrevista núm. 20.
16 Entrevista núm. 35.

Prácticamente todos los sectores y grupos quieren quedar del lado del candidato ganador.

La competencia por una posición de liderazgo en las asociaciones reconocidas puede ser violenta en el periodo preelectoral. Un abogado describió el procedimiento como sigue:

> La asociación de abogados realiza una elección con base en una metodología que hemos perfeccionado. La fecha de la elección se anuncia un día después de haberse llevado a cabo. Aparecen votantes fantasmas que han favorecido a candidatos preseleccionados. Los abogados que apoyan a otros candidatos protestan, incluso ocupando los edificios. ¿Puede imaginarse esto de los abogados? ¿Qué puede esperarse del sistema de justicia cuando se comportan así?[17]

Estas prácticas, aunque comunes, son por naturaleza transitorias, pues tienen lugar en los meses que preceden a las elecciones presidenciales. La mayor parte de los profesionistas cuentan con estructuras y grupos informales más permanentes para proteger y beneficiar sus intereses, pero cuya existencia es ajena a las asociaciones profesionales formales.

Grupos basados en la lealtad recíproca

Como en otras partes, los grupos basados en una lealtad mutua existen también en México. En este país, los grupos que han tenido mayores alcances se denominan comúnmente camarillas, y están integradas mayormente por abogados.[18] Sólo un número reducido de abogados

17 Entrevista núm. 37.

18 El significado de camarilla es impreciso, y no todos aceptan que el término tenga una validez conceptual o empírica.

en el sector público, que dirigen sus carreras hacia alguna especialidad jurídica (como derecho penal, derecho laboral o derecho de amparo), pueden prescindir de las camarillas para lograr puestos importantes. Por otra parte, las formas de organización predominantes en el caso de otras profesiones tienen límites más restringidos, basados en nexos escolares (agronomía), en la afiliación sindical (ingeniería petrolera) y en divisiones sectoriales (medicina, economía). En general, los médicos y los ingenieros petroleros no reconocen que sus profesiones estén integradas en forma de camarillas a nivel nacional; los agrónomos consideran que este tipo de vínculos ha declinado considerablemente desde los años cincuenta, y los economistas afirman que los lazos personales son menos importantes que las divisiones existentes en las distintas escuelas del pensamiento económico.

La mayor parte de los abogados en el sector público son administradores y aspiran a altos puestos políticos. Su formación en leyes se relaciona poco con sus funciones en la burocracia y deben vigilar muy de cerca el conjunto de sus relaciones políticas. Como estudiantes, poco después de ingresar a la universidad, tratan de usar los contactos que puedan tener, tales como parientes o profesores, para obtener un empleo de medio tiempo en el sector público. A medida que amplían su círculo de amistades en la universidad y en el trabajo, buscan pro-

---

Peter Smith define las camarillas como "grupos ligados por un sentido de lealtad hacia un solo líder (. . .) a quien se supone se concede el derecho de mando a cambio de su apoyo", en *Labyrinths of Power: Political Recruitment in Twentieth-Century Mexico*, Princeton: Princeton University Press, 1980, p. 50. Larissa Lomnitz prefiere la noción de "redes". Ver "Horizontal and Vertical Relations and the Social Structure of Urban México", *Latin American Research Review*, 17 (2) pp. 51-74 (1982).

moverse hacia la burocracia. La falta de escalafón profesional hace imprescindible la participación en una camarilla. Un cambio del titular de cualquier secretaría significa que todos los ocupantes de puestos clave y de muchos puestos menores serán removidos en favor de los partidarios y amigos del nuevo designado. Existe entre los abogados la creencia de que es necesario cultivar las relaciones personales para poder hacer carrera, y de que nunca serán designadas para un puesto o promovidos en razón de sus méritos.

Una abogada que fue entrevistada hizo algunos comentarios ilustrativos de este patrón. Explicó que "el fenómeno de grupo es muy notorio en la profesión de leyes. Puede pensar que se trata de 'pequeñas mafias', pero ése no es el término adecuado. Entre los abogados no hay un gran consenso sino muchos grupos, como el de Alemán. Es más, estos grupos pueden mostrarse amistosos entre sí, y no necesariamente están organizados con base en criterios ideológicos. No existen grupos de abogados identificados con puntos de vista estrictamente de derecha o de izquierda. La gente corre un gran riesgo cuando puede ser asociada con alguna tendencia ideológica definida".[19]

En cuanto al desarrollo de la carrera personal: "Una carrera se hace mediante negociaciones políticas. Es necesario tener muchos contactos y relaciones. La persona que sale adelante no es necesariamente la más capaz en términos profesionales. No necesita tener una preparación académica más sólida. Uno está sujeto a los altibajos producidos por el cambio político. Hacer carrera es muy difícil en todas las profesiones, en especial para los abogados. Si un director se ve forzado a despedir a un

[19] Entrevista núm. 35.

abogado o bien a un ingeniero, despedirá al abogado. El ingeniero sabe cosas que pueden ser valiosas para el sector público."

En cuanto a los prejuicios sexuales: "Ser mujer hace las cosas tres veces más difíciles, como sucede en todas partes en la sociedad mexicana. Existe un alto grado de discriminación sexual. Tal vez sólo Irán y los países árabes discriminan más que México. Los casos de mujeres que han tenido carreras exitosas en el sector público son excepcionales. Han tenido que acumular una experiencia y una habilidad política muy superiores que las que se exigen a los hombres. Aquí el feminismo se reduce a una cuestión de la cuota mínima de mujeres para representar una imagen democrática. En la Cámara de Diputados, siempre hay una cuota mínima de mujeres. No tiene ninguna importancia el partido político al que pertenezcan. De manera similar, es habitual que alguna mujer ocupe un alto puesto administrativo. Nosotras bromeamos diciendo que estas mujeres desempeñan el mismo papel simbólico que el de los negros en las películas estadounidenses. Para tener éxito en la burocracia, hay que entablar una terrible lucha sexual."[20]

En tales circunstancias, una camarilla es vital: "Un abogado necesita pertenecer a algún grupo y confiar en el mismo. El abogado no puede dejar las cosas al azar. Si usted es competente y brillante, necesita de cualquier

20 Este perfil es, por supuesto, muy aproximado. Para un análisis detallado de las incursiones feministas en la élite política mexicana, ver Roderic Ai Camp, "Women and Politicial Leadership in Mexico: A Comparative Study of Female and Male Political Elites", *Journal of Politics,* 41 (2) pp. 417-441 (mayo de 1979). Camp encuentra que, de 1958 a 1979, un promedio de 11 mujeres por cada periodo de tres años han ocupado escaños en la Cámara de Diputados.

forma la protección derivada de los contactos de grupo. Tiene que adquirir una habilidad política. Tiene que conocer mucha gente para tener la seguridad de que, sea quien sea la persona que designen como su superior siempre podrá acudir a un amigo para conservar su puesto. Dentro de esta familia política, por lo general se está seguro. Recuerde que la clase política es económicamente poderosa. Un político importante no tiene ningún problema por tener que quedarse fuera del sistema durante un régimen presidencial. Claro está que no es cualquiera el que puede estar seis años sin trabajo y sobrevivir. Y no estamos hablando sólo de pasar el tiempo, sino de dar espléndidos regalos y continuos agasajos. Estas gentes tienen el dinero para representarse a sí mismas y sacar de apuros a sus partidarios por largos periodos. El lema en los círculos políticos mexicanos es saber esperar hasta que vuelva tu turno."

Esta abogada concluyó su descripción de la camarilla con el comentario de que estas tendencias no se observan en otras profesiones. La afirmación es esencialmente cierta. La mayoría de los economistas rechazan la idea de que exista un sistema integrado de lazos de tipo personal o de lealtad grupal entre ellos y algún político influyente. Tampoco es un sistema predominante en PEMEX o en el IMP, donde sólo por excepción un ingeniero obtiene un puesto medio-alto en razón de su adhesión declarada a un político. Al parecer, el sistema de camarillas ha perdido fuerza en la agronomía:

> Los grupos de agrónomos solían moverse en bloque dentro y fuera del sector público, pero eso ya no sucede hoy en día. La razón radica en que hay una gran demanda de agrónomos. Cada uno tiene su chamba y está contento. No hay necesidad de unirse

a camarillas, y de hecho no existen, de no ser ocasionalmente.[21]

Los abogados tienen la mira puesta en las funciones administrativas y políticas. Se apoyan en las camarillas porque, para ellos, las camarillas son una forma eficaz de ejercer un control oligopólico sobre el mercado. Los abogados no están sindicalizados ni marcados por diferencias ideológicas, y su formación en leyes no es esencial para desempeñarse en las áreas del aparato estatal que quisieran dirigir. Aparte de su inteligencia innata, tienen pocas oportunidades para establecer una identidad personal que pueda distinguirlos de otros competidores. Al girar en torno a un líder influyente, los miembros del grupo pueden concentrar sus recursos profesionales y personales en la consecución de sus intereses colectivos e individuales. Hasta cierto punto, el sistema subsiste porque, gracias a su acceso a los altos niveles del poder público, los abogados pueden mantener relaciones cordiales entre sí. Los vencidos no son eliminados, sino que se sostienen en algún punto del inmenso sistema en espera de una oportunidad para regresar al foro. Aun cuando las apuestas sigan favoreciendo al vencedor, la perspectiva de una derrota no es traumática, y las posibilidades de un conflicto abierto son muy reducidas pues los vencidos tienen fuertes motivos para contener su resentimiento.

El hecho de que otros profesionistas se organicen menos en camarillas se explica más en función de una relativa incapacidad política que de cualquier otro rasgo intrínseco a sus disciplinas. Las camarillas no son formas dominantes en el resto de las profesiones porque, de hecho, estas profesiones están menos politizadas y, a

21 Entrevista núm. 19.

diferencia del derecho, no se movilizan sobre una base permanente de búsqueda de poder. Los mexicanos que buscan sobresalir como políticos, independientemente de su campo, necesitan establecer sus propios contactos de confianza. Los profesionistas designados para altos puestos en razón de su reputación técnica necesitan demostrar una lealtad al grupo que los contrató y, a fin de desempeñarse con éxito en sus trabajos, reclutar a otras personas de confianza para los niveles inferiores. Cuando así lo hacen, amplían los alcances del grupo de lealtad al cual pertenecen implícitamente. En la medida en que otros grupos profesionales entren en la competencia política, actuarán a través del sistema de camarillas existentes o de nueva formación.

Lealtad por escuela de origen

Cada agrónomo se distingue de sus colegas por la escuela a la que asistió. Este fenómeno se llama escuelismo y se basa en el hecho de que México cuenta con varias escuelas de agronomía de gran prestigio, incluyendo Chapingo, Juárez, Tecnológico de Monterrey y Saltillo. En contraste, la ingeniería petrolera se imparte sólo en dos centros de importancia (UNAM y el Instituto Politécnico Nacional), y la UNAM es el principal centro de enseñanza para médicos y abogados. Si bien existen múltiples escuelas de calidad para estudiar economía, los economistas tienden a dividirse según la escuela y el lugar en que estudiaron y el grado obtenido: Escuela Nacional de Economía (UNAM), universidades privadas con nivel de licenciatura, estudios para graduados en el extranjero, Estados Unidos o Europa, Francia o Inglaterra, maestría o doctorado. Las divisiones son tan numerosas y cada combinación incluye tan pocos miembros, que el escuelismo en economía es un fenómeno diluido.

Las asociaciones de exalumnos, que persiguen diversos fines, son las formas concretas de organización del escuelismo en el caso de la agronomía. A primera vista, parecen ser muy informales. Las elecciones se dejan al azar, y en ocasiones el presidente en turno simplemente se reconfirma sin elecciones. Aunque organizadas en núcleos locales, no existe lista alguna de los integrantes, e incluso los no graduados pueden asistir a las reuniones que se llevan a cabo aproximadamente una vez al mes. Las reuniones pueden incluir un discurso, pero son básicamente de naturaleza social y culminan con un canto entusiasta a los años escolares. Sin embargo, esas actividades sociales reafirman la participación de los miembros en asuntos de mayor importancia, en particular en lo que atañe a empleos. La influencia política de las asociaciones se expresa a través de sus líderes (no necesariamente el dirigente nominal del grupo), que son funcionarios veteranos de alto nivel conocidos en el medio político. Con frecuencia, estos líderes se las ingenian para obtener posiciones electorales en la Confederación de Organizaciones Agronómicas o en el Colegio de Ingenieros Agrónomos.

La mayor parte de los agrónomos puede nombrar a media docena de patriarcas que ejercen influencia determinante en la profesión. Si bien pueden ser identificados como campesinistas (ver capítulo 2), modernizadores agrícolas o negociadores políticos, suele ser difícil averiguar sus inclinaciones políticas. Es más fácil asociarlos con la escuela de la que proceden y cuyos graduados promueven. En los años ochenta, las figuras sobresalientes de Chapingo fueron Sergio Reyes Osorio, Eduardo Álvarez Luna, José Guevara Calderón y José Rodríguez

Vallejo; de Antonio Narro (Saltillo), José Silos y Lorenzo Martínez; del Tecnológico de Monterrey, Jesús Moncada de la Fuente y Ricardo García; y de Juárez, José Díaz de León y Jaime Arteaga.

Con frecuencia, los agrónomos de cada escuela tratan de colocar a su gente en buenos puestos, y el "escuelismo" queda descrito por el comportamiento del nuevo designado para un puesto del sector público que designa a su vez a los exalumnos de su escuela para los puestos inferiores. La competencia por los puestos de mayor jerarquía en agronomía y la falta de estructura en la carrera profesional de los integrantes del campo son factores que perpetúan el sistema. Un informante describió la tasa de movilidad dentro del sector público como "alarmante".[22] Las asociaciones de exalumnos son una respuesta a esta incertidumbre, pero sus objetivos son limitados. Estas asociaciones no tratan de aumentar el número de puestos en manos de agrónomos. En cambio, tratan de colocar a alguna gente en determinadas posiciones. Es típico que cuando alguien solicita empleo, en el sector público o en el privado, lo primero que se le pregunta es "¿dónde estudió?" Una vez que se ha contestado, el resto de la entrevista estará matizada por esa información. La asociación de exalumnos de Chapingo sigue siendo la de mayor influencia por la antigüedad de la escuela, por sus profesores de renombre, por el número de sus estudiantes y por la presencia de sus graduados en varios de los puestos públicos de alto nivel.

Muchos agrónomos desean que el escuelismo desaparezca y que el establecimiento de las credenciales profesionales se base en criterios más formales. Consideran que el escuelismo es un síntoma de subdesarrollo cultu-

22 Entrevista núm. 18.

ral y que no puede abarcar el gran número de nuevas escuelas que han surgido en el campo de la agronomía. Las dependencias públicas tratan de combatir esta tendencia integrando intencionalmente a graduados de diferentes escuelas dentro de un mismo equipo de trabajo. Hasta la fecha, el escuelismo ha sido un mecanismo relativamente eficaz para lograr las metas de los grupos agronómicos. Los agrónomos no han tenido que enfrentarse solos a los problemas de conseguir empleo o promoverse en el sector público, sino que han dependido de un sistema informal de contactos establecidos que es más preciso que la camarilla y menos universal que la asociación profesional. Si las presiones externas impusieran un cambio, sería necesario crear alguna otra forma de organización. Por el momento, esto no parece ocurrir. De hecho, es probable que la multiplicidad de escuelas agronómicas refuerce el sistema, ya que los graduados de las escuelas tradicionales se esfuerzan por mantener el control sobre los empleos del sector público.

Sindicalización: el caso de los médicos

En los años sesenta, los sectores de la profesión médica realizaron un gran esfuerzo, aunque sin éxito, para crear una fórmula que pudiera defender sus intereses colectivos. Los internos y los residentes organizaron una huelga de manera espontánea para obtener mayores sueldos y mejores condiciones de trabajo, que estuvo a punto de cristalizar en un movimiento generalizado en todo el sector médico oficial. El gobierno logró contener el movimiento y el suceso quedó grabado en la memoria de los médicos que participaron en el mismo. Más adelante, a principios de la década de los setenta, algunos ingenieros petroleros pugnaron por la creación de un sindicato en

PEMEX que vigilara el pago, las promociones y las condiciones de trabajo. Después de prolongadas discusiones, los ingenieros de PEMEX fueron incorporados, por orden del gobierno, al sindicato de trabajadores de PEMEX. La sindicalización ha tenido un efecto negativo en el espíritu de solidaridad de los ingenieros petroleros. La sindicalización no sirvió, en ninguno de los dos casos, para proteger la autonomía o los intereses de las profesiones afectadas. La respuesta de los médicos fue crear comités de lucha en cada institución médica oficial (IMSS, DIF, SSA, etc.), y la de los ingenieros petroleros consistió en participar de manera más activa en sus asociaciones profesionales, constituidas con mayor formalidad. Esta sección se limita a examinar el caso de los médicos.

El movimiento de huelga de 1965 se originó en los hospitales de la Secretaría de Salubridad y Asistencia.[23] Los internos y residentes querían mejoras en sus sueldos, casas, capacitación, bibliotecas y facilidades de tratamiento médico. El descontento se había iniciado durante el régimen de López Mateos, quien se rehusó en 1961 a reconocer un sindicato nacional llamado Asociación Médica Nacional. El asunto pasó a manos del presidente Díaz Ordaz. La Alianza de Médicos Mexicanos, A. C., fue registrada en enero de 1965, después de que el gobier-

[23] La información de esta sección se obtuvo de entrevistas realizadas a los huelguistas y a Tarsicio Ocampo V. (comp.), *México: socialización de la medicina,* Cuernavaca: Centro Intercultural de Documentación CIDOC, expediente núm. 18, 1968. Es importante señalar que, mientras que la huelga era un esfuerzo de los médicos para ejercer un mayor control sobre sus asuntos ocupacionales, sus líderes se esforzaron muy poco para generar demandas políticas de mayor alcance. El análisis más completo del movimiento de los médicos se encuentra en Evelyn P. Stevens, *Protest and Response in Mexico,* Cambridge, Massachusetts, MIT Press, 1974, pp. 126-184.

no desatendió las quejas de trabajo de la AMMRIAC (Asociación Mexicana de Médicos Residentes e Internos, A. C.). La Alianza se integró de 6 000 internos que ganaban sólo 400 pesos mensuales durante su primer año (equivalentes a 32 dólares estadounidenses) y 500 pesos durante el segundo. El sector público consideraba que el sueldo de los internos era una paga simbólica más que una forma de sustento. Después de que los jóvenes médicos iniciaron el movimiento, los residentes y casi todos los médicos especialistas se unieron al mismo y la huelga se extendió al resto de los servicios de salud del sector público. Los huelguistas lograron minimizar los servicios médicos hasta lograr que sólo un hospital del IMSS proporcionara atención médica en la ciudad de México. El gobierno postergó su reacción para ganar tiempo en el conocimiento de que muchos miembros de la profesión participaban de mala gana en la acción colectiva.

La primera huelga duró del 20 de abril al 4 de junio de 1965. En un principio, el gobierno de Díaz Ordaz denunció el movimiento, pero después ofreció negociar las demandas de mayores sueldos y la afiliación obligatoria al sindicato. Los médicos regresaron al trabajo. Descontentos con la marcha de las negociaciones, los líderes de la Alianza realizaron otra huelga que duró del 30 de agosto al 7 de septiembre. El gobierno autorizó un aumento de salarios de entre 1 500 y 3 500 pesos al mes y ordenó a los médicos que regresaran a trabajar. Al mismo tiempo, la mayor parte de los líderes huelguistas fueron despedidos y varios fueron encarcelados. Un médico describió la reacción eventual del gobierno "como la más severa represión vista en México desde el porfiriato".[24] Esta exageración pone de manifiesto el

[24] Entrevista núm. 16.

impacto que tuvo la reacción del gobierno en las incipientes aspiraciones de autorregulación de los médicos.

El movimiento avivó la conciencia política de la profesión médica, pero la Alianza no llegó a consolidarse como un sindicato profesional permanente. Una posible explicación se relaciona con la naturaleza individualista de la profesión. Se dice que el médico se relaciona con sus pacientes de uno a la vez, porque de otra forma correría el riesgo de confundirlos. Su orientación atomizada o "feudal" hace dudar a los médicos acerca de su incorporación a alguna organización. Sin embargo, este argumento pierde validez cuando se piensa en la eficacia que han mostrado los grupos con intereses propios formados por los médicos de las sociedades capitalistas liberales.

Una explicación más convincente consiste en que el Estado mexicano minó el sindicato persiguiendo a sus líderes porque las autoridades se sienten más tranquilas cuando los médicos mantienen una relación burocrática con el Estado en cada institución de salud pública.[25] Desde entonces, la preservación del *status quo* ha sido de interés para el Estado y conveniente para los médicos. Los políticos reconocen que los médicos, por su prepara-

[25] La Constitución Política, al reglamentar la sindicalización, apoya estas intenciones. El párrafo A del Artículo 123 abarca a los trabajadores paraestatales y del sector privado, y permite formalmente un gran número de sindicatos de fábricas e industrias a nivel tanto regional como nacional. El párrafo B atañe a los trabajadores del gobierno central, y estipula que dichos trabajadores deben pertenecer al sindicato designado para representar sus intereses en el cuerpo burocrático. Dado que el párrafo A se aplica al IMSS y el párrafo B a la SSA, la creación de un solo sindicato formado por médicos de ambas instituciones de salud (por no mencionar al ISSSTE, PEMEX, etc.) resultaría "anticonstitucional".

ción especial y la influencia que ejercen en los pacientes, podrían llegar a representar una fuerza formidable. Una organización de médicos con una clara conciencia corporativa y el potencial de desarrollar posiciones políticas independientes amenazaría el control estatal. En la tradición médica se cuenta que en los años cuarenta el presidente Miguel Alemán sofocó un esfuerzo de organización auspiciado por el Estado. Cuando se le expuso la idea de integrar a los médicos al PRI, comentó: "¿Quiere organizar a los médicos? ¿Está loco?"[26]

Un efecto lateral de la huelga de 1965 fue el de circunscribir los esfuerzos de organización de los médicos a su lugar de trabajo. El movimiento obligó a que se reconocieran los derechos de los residentes e internos en los hospitales estatales y mejoró sus condiciones de trabajo, sus sueldos y su instrucción. Con el tiempo, la separación de las instituciones médicas del sector público y el descontento generado en el trabajo mismo han constituido un impedimento estructural para el surgimiento de un movimiento médico nacional. Cada institución médica del sector público opera con diferente presupuesto y programas y existe muy poca planeación conjunta o comunicación entre los médicos a nivel operativo. En ocasiones, la Academia Nacional hace un llamado para que el sistema médico se unifique, a fin de proporcionar servicios médicos comparables en todo el país.[27] La sugerencia nunca tiene una buena acogida entre los médicos privilegiados del sistema (en PEMEX y en el ISSSTE), ni entre los que sacan provecho del desorden prevalecien-

[26] Entrevista núm. 12.

[27] Ver Viviane Márquez, "Estructura del sector público de la salud en México: problemas y perspectivas", documento presentado en el Quinto Congreso de Trabajo Social, México D.F., 2 al 4 de abril de 1981.

te. El "chambismo" significa que un médico puede tener un empleo de ocho horas en el IMSS y aprovechar sus dos horas de comida para trabajar en el ISSSTE. Por la tarde llega con retraso al IMSS, pero el hecho nunca se consigna. Más aún, puede trabajar el turno de la noche en el Departamento del Distrito Federal y, al mismo tiempo, conseguir una plaza como maestro en el Instituto Politécnico Nacional, lo que viene a sumar un total de cinco empleos en el sector público. Si bien esta situación ha cambiado a partir de que el gobierno de De la Madrid prohibió formalmente el "chambismo", la división entre las instituciones facilita que los médicos tengan más de un empleo en el sector público.[28] Algunos médicos de reputación intachable consideran que el "chambismo" es una característica poco ética de la medicina mexicana, que no está formalmente permitida pero que no llega a denunciarse de manera abierta por razones de cortesía profesional. Los médicos que participan en el "chambismo" no están interesados en la unificación del sistema de salud porque no podrían cobrar el total de los salarios correspondientes a sus diferentes empleos. Estos médicos son los aliados de los funcionarios que se oponen a la unificación por temor a crear las condiciones favorables para el surgimiento de un movimiento nacional de médicos.[29]

[28] La mayor parte de los médicos considera ridículas las estadísticas que indican que sólo 11% de los médicos del sector público tienen trabajos externos. Ver México, Comisión de Recursos Humanos del Gobierno Federal, *Censo de recursos humanos del sector público federal: administración descentralizada y de participación estatal mayoritaria 1975*, México: Comisión de Recursos Humanos del Gobierno Federal, 1976.

[29] La consecuencia inmediata de la unificación del sistema de salud en México sería el surgimiento de sindicatos de los "traba-

En ausencia de una mejor alternativa, los médicos han hecho hincapié en la especialización como medio para diferenciar la capacidad y el prestigio. Asimismo, se han afiliado a agrupaciones profesionales formadas en las dependencias de gobierno y cuyos miembros sólo pueden ser médicos de la institución. Los comités de lucha más importantes son la Asociación de Médicos en el IMSS y sus contrapartes en los institutos de Cardiología y de Enfermedades Tropicales, así como en las clínicas y hospitales de la SSA. Los médicos son capaces de ejercer una cierta presión en las instituciones donde trabajan, pero sólo en asuntos relacionados con compensaciones, prestaciones adicionales y condiciones de trabajo. Como funcionarios públicos, los médicos piensan que están mal pagados; asimismo, reconocen que no han aportado criterios profesionales en la ideología del Estado dentro del sector salud.

Los médicos se enfrentan a una situación paradójica. La profesión médica no cuenta con una organización

jadores del sector salud", que incluirían a todos los empleados (personal de intendencia). Un sindicato así podría representar un protagonista político muy poderoso que tal vez no estaría tan deseoso de colaborar con el gobierno como lo están los sindicatos de trabajadores afiliados a la CTM. En 1981, se solicitó a Guillermo Soberón, ex rector de la UNAM, que examinara la conveniencia de unificar el sistema de salud. Después de varios meses de estudio, informó, y el presidente López Portillo lo confirmó, que un proyecto así era "técnicamente irrealizable". Ver *Unomásuno,* 1 de diciembre de 1981, p. 1. A finales del régimen de Echeverría, se sopesó una propuesta de política similar, pero fue rechazada por igual. Israel, como sistema predominantemente estatal, presenta ciertos paralelos con México. Ver Joseph Ben-David, "Professionals and Unions in Israel", en Eliot Freidson and Judith Lorber (comps.), ***Medical Men and their Work***, Chicago: Aldine Atherton, 1972, pp. 20-38.

eficaz, pero es capaz de asegurarse una cierta protección por parte del sistema político. El poder de los médicos es latente, dada la posibilidad de nuevos paros laborales. Sus aspiraciones de autonomía se ven obstaculizadas por la imposibilidad de comunicarse con profesiones similares en otras instituciones de salud pública y por el recuerdo doloroso de los sucesos acaecidos en 1965. El gobierno protege su *status* manteniendo a raya a los miles de médicos desempleados que con gusto ocuparían las plazas que los médicos del sector público dejarían vacantes si llegaran a provocar disturbios. La orientación hacia los ideales de liberalismo es mayor, en México, entre los médicos que en otras profesiones. Aun así, sus formas predominantes de organización se asemejan más a las de las profesiones en los sistemas centralizados. La mayoría de los médicos están conscientes de su conflicto y muchos adoptan una actitud cínica cuando lo discuten. Los líderes profesionales tienen poca idea de cómo fortalecer la unidad profesional sin arriesgar sus empleos o empañar su prestigio. Por el momento, los médicos se sienten en una situación estancada.

Sindicalización: el caso de los ingenieros petroleros

La sindicalización de los ingenieros petroleros ha dado por resultado una mayor seguridad en el empleo y el relajamiento de las condiciones de trabajo. Sin embargo, los líderes de la profesión se quejan de que la sindicalización ha disminuido la moral, ha debilitado la autoridad, ha comprometido a los profesionistas en la corrupción, esparcida por toda la industria, y ha implantado falsos criterios para el ascenso de personal.

Después de la expropiación de las compañías petroleras extranjeras, todos los trabajadores, incluidos los técnicos, pertenecían al sindicato (con excepción del director general de PEMEX).[30] En 1940 se llegó al consenso general de que este sistema no funcionaba, y se creó una nueva categoría laboral denominada empleados de confianza. Dichos empleados percibían un sueldo, no un salario por hora, y eran profesionistas que se encontraban a la entera disposición de la compañía, la cual podía ordenarles en cualquier momento, de día o de noche, que viajaran al lugar de algún pozo. En la industria petrolera, las situaciones de urgencia eran frecuentes y la compañía tendía a sacar provecho del compromiso de los ingenieros con su trabajo. Para ser ingeniero petrolero en ese entonces, el profesionista joven debía ser resistente y tener cualidades de asceta. No existía ningún apoyo logístico: ni avionetas, ni helicópteros, ni alojamiento para las familias ni aire acondicionado. Sin embargo, en el primer momento de fervor nacionalista, prácticamente nadie pensó en formar un sindicato. Los problemas entre los ingenieros y la dirección, como las peticiones de aumento salarial se resolvían en términos amistosos. Las huelgas o paros laborales nunca fueron un recurso considerado por los ingenieros.

Con el tiempo, Petróleos Mexicanos creció de un total de 17 600 empleados en 1938 a 36 500 tan sólo en las

[30] Para una discusión excelente del sindicato petrolero, ver George W. Grayson, *The Politics of Mexican Oil,* Pittsburgh: University of Pittsburgh Press, 1980, pp. 81-102. Un sindicato comparable es el de la Comisión Federal de Electricidad. Ver Silvia Gómez Tagle, *Insurgencia y democracia en los sindicatos electricistas,* México: El Colegio de México, 1980, en especial pp. 132-138. No obstante, estos libros no ahondan en lo que se refiere al predicamento de los empleados profesionales en estos dos sindicatos.

áreas de perforación y exploración, y un total de 71 000 en 1970.[31] La atmósfera familiar desapareció. Debido a la demanda de profesionistas, muchos pasantes fueron incorporados a la compañía. Los pasantes eran individuos que habían acreditado todos los cursos de la carrera de ingeniería pero no habían hecho la tesis de licenciatura necesaria para obtener el título. No obstante los estímulos e incentivos oficiales por parte de la compañía, muchos pasantes nunca hicieron su tesis, por lo que fueron ignorados en los ascensos y tendieron a ser relegados a remotos sitios inhóspitos. Cuando tuvieron más edad, contrajeron matrimonio y las privaciones recayeron sobre sus familias. Los pasantes no podían pertenecer a la categoría de Ingeniero A, sino que tenían que permanecer en calidad de asistentes técnicos. Sus salarios eran más bajos y pensaban que Petróleos Mexicanos los discriminaba. Conforme obtuvieron mayor experiencia, su actitud fue la de decir: "Si sé tanto como este otro ingeniero que tiene su título, ¿por qué he de ganar menos?".

El movimiento sindicalista no fue un proceso continuo. El descontento estalló en 1969 y 1970, y PEMEX reaccionó despidiendo a los técnicos que intentaron organizar a los ingenieros de Coatzacoalcos. El resto de los ingenieros consideró injusta la medida y persuadió a la compañía para que los reinstalara. No se formó ningún sindicato. En 1975, los ingenieros insatisfechos renovaron sus esfuerzos para formar un sindicato de profesionistas por separado. Petróleos Mexicanos se opuso a la idea, igual que una gran parte de los ingenieros, que opinaba que los profesionistas no debían pertencer a

31 Secretaría de Programación y Presupuesto, *La industria petrolera en México,* México: Coordinación General del Sistema Nacional de Información, 1979, pp. 377-378.

sindicatos. Para ellos, el sello de un profesionista estaba en la relativa continuidad entre las horas de trabajo y las no laborables. No obstante, si era necesario formar un sindicato, los ingenieros petroleros deseaban que incluyera exclusivamente a personas con capacitación profesional. El gobierno rechazó esa opción porque no quería tener que negociar con un sindicato de trabajadores y con otro del sector profesional.

Después de prolongadas reuniones y discusiones, pero sin llevar a cabo una votación sobre la prelación de los ingenieros, el gobierno emitió un decreto por el cual todos los ingenieros de PEMEX debían pertenecer al Sindicato de Trabajadores Petroleros de la República Mexicana. Uno de los ingenieros de mayor antigüedad, cuyas opiniones eran representativas de las de los profesionistas de más experiencia, describió el 18 de marzo de 1976 como "el día más triste en la historia de la ingeniería petrolera" en México. Continuó expresando su opinión de los sucesos: "Los que querían crear el sindicato eran los malos elementos de PEMEX. Es cierto que trabajábamos demasiado antes de la sindicalización, en ocasiones veinticuatro horas seguidas sin pago extra. (. . .) Eramos explotados y nuestros superiores no lo comprendían. De haberlo hecho, PEMEX no habría sufrido huelgas ni paros laborales" y no hubieran surgido la idea del sindicato.[32]

La mayoría de los ingenieros petroleros considera que la sindicalización ha sido totalmente perjudicial para Petróleos Mexicanos. En primer lugar, la profesión perdió una buena parte de su mística. Los ingenieros petroleros empezaron a comportarse como trabajadores sindicalizados, mirando continuamente al reloj y muy atentos al

32 Entrevista núm. 27.

desarrollo de sus prestaciones. La productividad declinó. Anteriormente, los ingenieros con sueldos fijos iban a los pozos en sábados y domingos como cosa natural. Después de la sindicalización, de conformidad con las cláusulas contractuales, debía pagárseles el tiempo extra, lo que aumentaba los costos de la compañía. Estas cláusulas, si bien justificadas en el caso de algunos ingenieros conscientes, dieron lugar a peticiones generalizadas de tiempo extra a fin de incrementar los sueldos. Muchos ingenieros dejaban de hacer su trabajo durante las horas laborables para luego utilizar horas extras y ganar así dinero adicional. La sindicalización cambió la mentalidad de muchos ingenieros que se sintieron trabajadores asalariados, o creyeron que tenían que actuar como tales.

En segundo lugar, el sindicato desvirtuó las líneas de autoridad y supervisión en la compañía. Dos entrevistados proporcionaron ejemplos basados en experiencias personales: un ingeniero empeñoso de una estación de bombeo aplicó medidas correctivas a un subordinado reincidente. El sindicato tomó represalias contra el ingeniero solicitando a otros trabajadores que no cooperaran con él, aduciendo que el ingeniero no era un "buen compañero". Por otro lado, un ingeniero consagrado a su trabajo en un distrito remoto necesitaba ciertos materiales para mejorar la eficiencia y reducir los costos. Preguntó a su supervisor: "¿Dónde están los materiales?" A lo que el supervisor replicó: "Vamos. No podemos conseguirle las cosas tan rápido." El ingeniero protestó. Entonces el supervisor le informó que si no se tranquilizaba sería denunciado ante el sindicato, que podía sancionarlo por su actitud "indisciplinada". Las experiencias como ésas tienen el efecto de relajar la motivación y la moral de los ingenieros.

El aspecto más desagradable de la sindicalización es el

requisito de pago a los dirigentes sindicales para poder conseguir empleo, promociones y designaciones favorables. En 1975 y 1976, los líderes del sindicato se oponían a la incorporación de los ingenieros tanto como los propios ingenieros; los líderes sindicales expresaron sus puntos de vista realizando manifestaciones esporádicas que desorganizaban la producción. El gobierno llegó a un acuerdo con los dirigentes sindicales mediante el cual les aseguraba que los ingenieros no los desplazarían de los puestos sindicales clave. El sindicato accedió entonces al ingreso de los ingenieros y pronto cosechó grandes beneficios del acuerdo. Por otro lado, el resultado fue comprometer a los ingenieros en la evidente corrupción del sindicato.

Un ingeniero petrolero no puede trabajar para PEMEX si no es miembro del sindicato, y debe pagar a los líderes sindicales para obtener su tarjeta de afiliación. Después, tiene que darles dinero para poder tener ascenso, tal como sucede con los obreros. Así, los ingenieros pronto se percatan de que su carrera en PEMEX avanza más por su relación obsequiosa con los líderes del sindicato que por su competencia técnica.

Los ingenieros petroleros que recuerdan los "viejos tiempos" explican que eran ascendidos en virtud de sus méritos de trabajo, su experiencia, sus intereses académicos y su buen juicio. Actualmente, en su calidad de sindicalizados, los ingenieros ingresan al sistema de escalafón. Su ubicación en el mismo depende de su departamento, su oficina, y su tipo de trabajo. El criterio de promoción se basa exclusivamente en la antigüedad. Así, la persona que tiene derecho a ser promovida es la que tiene más tiempo en su grupo; además debe dar prueba de su competencia profesional en un examen de aptitudes que la acredita para la promoción. Si no aprueba, se da la oportunidad a la segunda persona de la lista, y así sucesivamente.

En la práctica, el sindicato interviene en esta secuencia. Por una cuota, el sindicato insinúa a la compañía que no insista en hacer el examen a determinado candidato, con el argumento de que ya sabe todo lo necesario por la antigüedad de su plaza. Con frecuencia, el resultado es que se concede un ascenso a una persona incompetente o se le niega a alguien que lo merece.

Los puestos controlados por el sindicato se extienden teóricamente hasta los jefes de oficina, y a partir del siguiente nivel (jefe de departamento) se comienza a ser "empleado de confianza". En principio, el sindicato ya no interviene en este nivel, pero lo cierto es que lo hace. En primer lugar, disuade a la compañía de designar a individuos calificados como jefes de departamento cuando vienen de otra área. Algunos informantes señalan que los funcionarios sindicales dicen: "¿Por qué enviarnos a un ingeniero de fuera cuando tenemos aquí mismo personas que pueden ocupar el puesto?" La resistencia que opone el sindicato hace difícil que un ingeniero con talento reúna una gran experiencia en la compañía. En segundo lugar, el sindicato convence a los ingenieros que han sido promovidos hacia el nivel departamental ("de confianza") para que no abandonen el sindicato e incluso para que continúen pagando las cuotas sindicales. De esta manera, el ingeniero podrá mantener relaciones cordiales con sus subordinados (los cuales, de lo contrario, podrían hacerle la vida imposible), y podrá confiar en que el sindicato respalde sus órdenes.

Según muchos ingenieros petroleros, el sindicato ha contaminado el ambiente de trabajo de los profesionistas que trabajan en PEMEX. La indolencia, la holganza y la insubordinación se han filtrado en la profesión, y a los venales se les protege en sus hábitos. Es comprensible entonces que los ingenieros petroleros conscientes, que son la mayoría, participen con entusiasmo en las asociaciones profesionales del campo, donde se le evalúa y estima según los criterios profesionales tradicionales. Sin embargo, ni el sindicato ni las asociaciones profesionales le han dado mucha libertad a los ingenieros petroleros para regular el mercado de trabajo, para certificar el nivel de competencia profesional o para aumentar sus ingresos. En realidad, el sindicato puede haber producido efectos adversos.

El Colegio Nacional de Economistas

Para tener éxito, una asociación profesional necesitaría en México ser congruente con los valores nacionales y con las limitaciones estructurales imperantes. Su misión incluiría colocar a sus miembros en empleos profesionales, dar relieve a la profesión e ilustrar las contribuciones de la profesión en temas nacionales, todo ello durante un periodo relativamente prolongado y con ciertos indicadores de los logros alcanzados. Una organización profesional viable tendría la capacidad de mantener la lealtad al grupo, reclutar líderes sobresalientes para la asociación, aumentar el prestigio de la profesión e influir en asuntos de política pública. Las actividades secundarias serían la de mantener el nivel de competencia profesional, por ejemplo, mediante seminarios. Sin embargo, a menos que el sistema sufriera una transformación total, la profesión no competiría con las instituciones estatales en la toma de decisiones importantes en cuanto a la formación escolar, al otorgamiento de cédulas o a la reglamentación de cuestiones profesionales, dados los considerables obstáculos estructurales que implica hacerlo con eficacia.

Entre las principales asociaciones profesionales en México, el Colegio Nacional de Economistas parece ser la que más se acerca a esta descripción. Tiene un número significativo de miembros activos, ofrece una bolsa de trabajo para el empleo de economistas en el sector público (en particular para los graduados de la Escuela Nacional de Economía, ENE) y ha tenido éxito al articular respuestas nacionalistas relacionadas con políticas gubernamentales. Sus dirigentes, salvo en pocas excepciones, han sido electos democráticamente, y suele considerárseles individuos muy talentosos y prestigiosos, incluso por quienes no comparten su línea de pensamiento económico.

Iniciado en los años sesenta, el Colegio Nacional de Economistas se distingue de otras asociaciones profesionales en México por su enérgica aparición en el foro público. Su ideología política es estatista, y el Colegio aplica la teoría de la economía política para interpretar la política del Estado. Mientras que su postura frente a la política gubernamental es de oposición, el Colegio suele expresar su confianza en la capacidad última del Estado para encauzar la economía hacia el desarrollo; por esta razón, los dirigentes gubernamentales han tenido que considerar la participación del Colegio en debates directas o indirectos sobre las políticas de gobierno. En dichos debates, la posición del Colegio puede ser adoptada o rechazada; sin embargo, lo importante es que sus propuestas siempre se examinan con seriedad, lo que coloca a esta asociación en una categoría que lo distingue del resto de las asociaciones profesionales formales.

Simultáneamente, el Colegio es una organización de controversia, y sus actividades no son bien vistas por todos los economistas, en particular por los que no son graduados de la ENE. Algunas de las declaraciones características de crítica son: "El Colegio de Economistas es pura política."[33] "Vaya a una de sus reuniones y mire a los miembros y a la gente que asiste. Es patético. Se trata de personas que por lo general buscan un trabajo."[34] "El Colegio es una organización política que facilita el acceso a puestos políticos. Su función principal es la de conseguir empleo a los economistas. (. . .) Sus posiciones frente a las políticas oficiales van de la mano con sus funciones políticas y de empleo. En lo personal no soy miembro porque no creo que eso sirva de mucho."[35]

Por otra parte, muchos economistas consideran que el Colegio tiene peso y significación. Formalmente independiente del gobierno, el Colegio permite a los economistas evitar luchas en terreno burocrático. Los economistas de diversas dependencias públicas (como el IMCE y la SEPAFIN), que tienden a desarrollar opiniones políticas diferentes, pueden reunirse en terreno neutral para discutir sus diferencias en un ambiente poco amenazador. El Colegio hace accesible en gran medida la estructura de la toma de decisiones. Proporciona un foro en el que los economistas pueden expresar sus opiniones sin comprometer sus puestos en la burocracia. El Colegio ha tendido hacia una postura de izquierda que es "tan radical" como el *establishment* gubernamental quiera conceder. En consecuencia, cuando el criterio práctico así lo requiera, el gobierno puede adoptar la posición del Colegio y valerse de la asociación para legitimar su decisión.

33 Entrevista núm. 7.
34 Entrevista núm. 5.
35 Entrevista núm. 8.

El Colegio ocupó un primer plano en la decisión del gobierno mexicano de no ingresar al GATT (Acuerdo General sobre Aranceles y Comercio) en marzo de 1980. En aquel entonces, Estados Unidos instaba el ingreso mexicano como un medio de facilitar la rutina del comercio bilateral entre ambos países, lo que reduciría la necesidad de concesiones arancelarias *ad hoc* y los riesgos de litigios judiciales en cortes estadounidenses. En México, la mediana industria, los sindicatos de obreros y los economistas nacionalistas consideraron que el GATT aceleraría el avance de las transnacionales en la economía y debilitaría la industria nacional. El Colegio aglutinó su posición; efectuó una serie de reuniones públicas y privadas, y patrocinó publicidad sobre las desventajas del GATT. Aun cuando el presidente López Portillo favorecía aparentemente el ingreso al GATT, su gabinete estaba dividido. En marzo de 1980, el presidente López Portillo anunció tres medidas nacionalistas (los topes a la producción petrolera, la autosuficiencia alimentaria y el aplazamiento del ingreso al GATT), y la posición del Colegio se vio confirmada.[36]

Después de esta victoria, el Colegio intentó sacar provecho de su situación favorable y diseñó un conjunto integral de políticas económicas nacionalistas. Este plan se discutió un año más tarde en la reunión de la asociación en Guadalajara, a la que se invitó al presidente López Portillo. El presidente manifestó su impaciencia ante las pretensiones del Colegio y se mostró ansioso por preparar el clima político para el anuncio de Miguel de la Madrid como próximo candidato presidencial del PRI, cuyo pensamiento económico se consideraba más orien-

36 Para un resumen de estos acontecimientos, ver *Información Sistemática*, 5 (51) pp. 16-17 (15 de abril de 1980).

tado hacia la libre empresa. En consecuencia, el presidente criticó con severidad las recomendaciones del Colegio.[37] Después de la confirmación de De la Madrid como candidato del PRI, el Estado intervino abiertamente en las elecciones internas del Colegio de octubre de 1981. El objetivo era asegurarse de que los dirigentes de la asociación apoyaran la campaña electoral y no criticaran el paquete económico de De la Madrid.

Este ejemplo confirma la imposibilidad de utilizar un modelo profesional único para explicar o evaluar el comportamiento de las asociaciones mexicanas. Un enfoque ecléctico es más adecuado. La orientación del Colegio hacia la afiliación universal y hacia la búsqueda de relaciones especiales con los funcionarios del gobierno es reminiscente del corporativismo. Su abogacía de un papel importante para el gobierno en la economía (incluyendo el crecimiento del Estado), favorable para el empleo ventajoso de sus miembros, es típico en la articulacón de intereses de los sistemas liberales. La intervención rotunda del Estado en los asuntos internos del Colegio sería un suceso común en un sistema centralizado. Otras asociaciones profesionales de México que imitaran al Colegio tendrían que hacer frente a ambigüedades similares en las relaciones con sus miembros y con el Estado.

Conclusiones

En México, las organizaciones que podrían proteger los intereses de los médicos, los abogados y los ingenieros tienen que diferenciarse necesariamente de las de sus co-

[37] Ver *Proceso*, 5 (237) pp. 6-9 (18 de mayo de 1981).

legas de otros países. Las asociaciones profesionales formales de estos campos son ineficaces para regular el mercado de trabajo, certificar el nivel de competencia profesional, establecer los límites de los conocimentos del campo o ampliar las oportunidades de trabajo. La complejidad de la historia y de la sociedad mexicana empero, es tal, que las profesiones han desarrollado enfoques disímiles para la consecución de sus metas colectivas e individuales. La forma de organización predominante en cada profesión depende de su evolución en el siglo XX y, en particular, de sus relaciones con el Estado.

La mayoría de los estudiantes de derecho se interesan menos en litigar que en hacer carrera dentro de la política y el sector público. El número de abogados en el gobierno es considerable, pero pocos de ellos desean participar en las asociaciones de barras nacionales. La forma de organización adecuada para defender sus intereses es el grupo basado en la lealtad y la amistad, llamado con frecuencia camarilla. Varias camarillas se disputan la supremacía en el cambio de un régimen presidencial a otro, así como durante los mismos. Las camarillas perpetúan un sistema de control oligopólico sobre el mercado de trabajo para los abogados. Cuando consigue adjudicarse el máximo puesto del país, el de presidente de la república, la camarilla puede ejercer una gran influencia en las políticas gubernamentales. Sin embargo, las camarillas no definen los conocimientos pertinentes para el campo; mantienen su presencia en la universidad más para reclutar a estudiantes con talento que para absorber nuevas ideas o técnicas.

Los agrónomos se apoyan en gran medida en los nexos escolares para diferenciar y estratificar su profesión. Las asociaciones de exalumnos pueden ser consideradas camarillas en pequeña escala, con la característica adicional de ser más institucionales y menos personalistas. De hecho, el escuelismo engendra una especie de "credencialismo" que genera confianza (o cautela) entre los individuos, incluso si no cuentan con otro punto de referencia, además del nexo escolar, para basar sus juicios. En la agronomía, la asignación de empleos del sector público depende considerablemente de los resultados de la intensa competencia que se desarrolla entre los agrónomos en los meses próximos a las elecciones presidenciales. Dado que la oferta supera a la demanda, la mayoría de los agrónomos competentes termina por ubicarse en alguna parte, pero los codiciados trabajos del alto nivel representan un poderoso patronazgo y, por tanto, son el blanco principal de los grupos basados en los nexos escolares. Debido a sus vínculos con las universidades, las asociaciones de exalumnos de agronomía son más sensibles que las de abogados al surgimiento de nuevas técnicas profesionales, e influyen indirectamente en la conformación de los conocimientos convencionales del campo.

Los economistas han reforzado y readaptado su asociación profesional oficial, el Colegio Nacional de Economistas, a fin de servir a los intereses de grupo y de sus miembros. El Colegio se ha constituido en crítico de las políticas económicas del Estado, y prácticamente todos los secretarios de Estado relacionados con cuestiones económicas son miembros nominales del Colegio. A diferencia de las camarillas y las asociaciones de exalumnos, el Colegio no regula el mercado de trabajo de los economistas. La evolución de la economía mexicana dentro de un esquema capitalista y tecnocrático ha generado una demanda de cierto tipo de economistas, formados por lo general en el extranjero, cuyo número es relativamente reducido. Sin embargo, el Colegio desempeña la función de encontrar empleos para economistas jóvenes principiantes a través de sus reuniones regulares, así como la de fomentar las relaciones personales entre sus miembros. Asimismo, el Colegio ha acrecentado la importancia de la profesión al asumir posiciones concretas de política económica nacional y, de este modo, ha proyectado una imagen del economista como el profesionista clave en la determinación del futuro del país.

Los acontecimientos históricos peculiares que afectaron la ingeniería petrolera y la medicina en México han sofocado los intentos por crear organizaciones profesionales semiatónomas. Paradójicamente, el malestar de muchos ingenieros petroleros de PEMEX por su afiliación obligatoria al sindicato los induce a buscar refugio en las dos asociaciones sociales y de prestigio en el campo. Sin embargo, ninguna de estas dos asociaciones regula el mercado profesional o influye en las políticas de gobierno.

Por su parte, los intentos de los médicos por definir el lugar de la profesión en la sociedad mexicana han sido infructuosos. Las divisiones en el interior de la profesión son resultado de la multiplicidad de instituciones de salud pública, de la frecuencia con que los médicos tienen más de un empleo, de la tendencia hacia las especializaciones médicas (cada una con su propia asociación), y de las diferencias de *status* entre los profesionistas privilegiados con posiciones remunerativas y el gran número de médicos desempleados y resentidos. Asimismo, el Estado ha tenido la precaución de empañar estas diferencias por temor a la renovación de un movimiento político como el de los médicos en 1965. Aun cuando la Academia Nacional ha establecido normas en cuanto a los conocimientos mínimos requeridos para ejercer una especialidad, la aprobación del examen de la Academia es un asunto honorífico y no es indispensable para que un médico pueda considerarse especialista. En consecuencia, los médicos no cuentan con un mecanismo de organización para crear empleos, influir en las políticas de gobierno o controlar las normas de calidad de la profesión. Esta ineficacia está en contradicción con el alto prestigio social de los médicos en México.

LAS PROFESIONES Y EL ESTADO

Los futuros cronistas de la evolución de las profesiones mexicanas podrán calificar la fase actual como una etapa de preconciencia. En realidad, existen ya varias condiciones básicas para la consolidación profesional, pero no llegan a ser cabalmente advertidas como tales. Con excepción tal vez del caso del derecho, estos factores no han sido insertados en un "proyecto profesional" realizable dentro de la lógica del sistema mexicano.[1] Por supuesto, el proyecto implica una estrategia con características diferentes a las de los sistemas liberales, donde el desarrollo profesional tuvo lugar en la sociedad civil y fue determinado por cuerpos de asociación independientes que actuaban sobre el Estado. Aunque México no puede considerarse un sistema puramente corporativista o centralizado, participa de muchos de sus rasgos, relacionados con la autonomía profesional, el privilegio y el prestigio. Más que de Inglaterra o de Estados Unidos, los ejemplos de desarrollo de las profesiones tomadas de Francia y Alemania guardan una mayor relación con

[1] La noción de "proyecto profesional" procede de Magali Sarfatti Larson, *The Rise of Professionalism*, Berkeley: University of California Press, 1977, pp. 49-52.

México. Las profesiones mexicanas, para tener éxito, deben orientar conscientemente sus acciones hacia el Estado; en la medida que el Estado las absorba y las profesiones se vayan labrando una autoridad dentro del mismo, el proyecto se irá conformando.[2]

Existen varios factores que facilitan o limitan el proyecto profesional mexicano. La naturaleza del sistema mexicano impide el surgimiento de profesiones liberales. Asimismo, propicia el acceso al sistema de los profesionistas que cuentan con las habilidades necesarias para manejar la organización política y, al mismo tiempo, mantiene relativamente constante el papel de los contendientes tradicionales por el poder (trabajadores, empresarios). La maduración de las organizaciones protectoras (como asociaciones de exalumnos y sindicatos de burócratas) ha proporcionado una valiosa experiencia política a la generación actual de profesionistas. El sistema universitario ha colaborado con la creación de un gran cuerpo de profesionistas entre los que se puede escoger y

[2] Estos comentarios tienen implicaciones normativas. La presente obra presenta, de manera tentativa, una perspectiva "en pro de las profesiones", condicionada a los valores que las profesiones mexicanas adopten durante su consolidación. Varios observadores han hecho énfasis en los aspectos adversos del desarrollo profesional. Terence J. Johnson, *Professions and Power,* Londres: Macmillan, 1972, pp. 14-18, expone la controversia entre los que ven el poder burocrático en manos de profesionistas como algo positivo y los que los consideran negativo. Las profesiones pueden ser en una organización social una fuerza de independencia y pensamiento racional, o bien alcanzar un grado tal de especialización que se constituyan en una amenaza burocrática para el ciudadano libre. Alvin W. Gouldner utiliza varios calificativos, implicados por otros autores, para describir a la "nueva clase", la cual se integra por la intelectualidad técnica y los intelectuales: a) tecnócratas benignos (Galbraith, Bell), b) una clase maes-

buscar formas de apoyo. En muchas instituciones, los profesionistas funcionan como un filtro en la contratación, como un medio de controlar el mercado de trabajo. El alto prestigio de los profesionistas en la escala ocupacional de México significa que la sociedad espera que desempeñen un papel rector. El ingreso gradual de representantes en los puestos políticos clave es una muestra más del avance profesional.

Hasta cierto punto, estos factores no se han conjugado todavía debido a las percepciones liberales de lo que es el papel "apropiado" de cada profesión, las cuales son más difundidas en algunos campos (medicina, ingeniería petrolera) que en otros; asimismo, los líderes profesionales no se han percatado totalmente de que la consolidación profesional requiere una planeación consciente. Los

---

tra (Bakunin), c) una vieja aliada de las clases (Parsons), d) servidores del poder (Chomsky, Zeitlin), o e) una clase universal inacabada (el mismo Gouldner). Ver *The Future of Intellectuals and the Rise of the New Class*, Nueva York: Continuum, 1979, pp. 6-7. Una tendencia "pro-profesiones" en el caso mexicano se funda en la expectativa de que el desarrollo profesional (con altas probabilidades de evolucionar primordialmente dentro del Estado) se traducirá en un beneficio neto para la sociedad. Los líderes profesionales más capaces de México consideran que los criterios que deben regir el profesionalismo son el compromiso con la justicia social, la racionalidad y la eficiencia, la abstención de ganancias ilícitas en el sector público, una sólida ética de trabajo, el desarrollo de técnicas adecuadas a los problemas nacionales, posturas de política oficial bien documentadas y basadas en la comprensión cabal de los problemas, elevadas normas académicas y métodos que aseguren la participación de diversas clases sociales en los ámbitos profesionales. Si los profesionistas ignoran estas metas mientras tratan de afianzarse en posiciones de poder burocrático, es claro que el creciente "profesionalismo" tendrá connotaciones poco agradables para la sociedad.

críticos que perciben las profesiones como formas que perpetúan la desigualdad social no lamentarán el fracaso de las profesiones para alcanzar sus intereses creados; pueden tranquilizarse con el hecho de que es difícil predecir la dirección que tomará la consolidación profesional, y quizás no se lleve a cabo del todo, en especial si persisten ciertas tendencias secundarias.[3]

Las profesiones y la elaboración de políticas

La literatura académica sobre los *tecnócratas* alude al poder político de los profesionistas a pesar de que estos términos no son intercambiables. Un profesionista es un miembro legítimamente acreditado de una ocupación que se considera, por disposición oficial o por costumbre, una profesión. Los tecnócratas son especialistas con empleos del sector público que requieren conocimientos avanzados y una sólida capacitación.[4] Los profesionistas politizados en la sociedad civil dedican la mayor parte de sus vidas de trabajo a diversas ocupaciones especializadas

[3] En México, Pablo Latapí es una de las personas a quienes más preocupa el efecto de la profesionalización en la desigualdad social. Ver "Profesiones y sociedad", manuscrito inédito, Prospectiva Universitaria, 1982.

[4] Algunos análisis importantes sobre los tecnócratas mexicanos son: Guillermo Kelly, "Politics and Administration in Mexico: Recruitment and Promotion of the Politico-Administrative Class", *Technical Papers Series*, 33, Institute of Latin American Studies, University of Texas at Austin, 1981; Roderic Ai Camp, "The Middle-Level Technocrat in Mexico", *Journal of Developing Areas*, 6 (4) pp. 571-582 (julio de 1972); Merilee S. Grindle, "Power, Expertise and the 'Técnico': Suggestions from a Mexican Case Study", *Journal of Politics*, 39 (2) pp. 399-426 (mayo de 1977), y Martin Harry Greenberg, *Bureaucracy and Development*, Lexington, Massachusetts: Heath and Company, 1970, pp. 99-130.

ajenas al partido, a las organizaciones de las mayorías y a la administración gubernamental (tales como posiciones de titularidad en las universidades); para estos profesionistas, "la política es un pasatiempo".[5] Los políticos siguen carreras políticas que abarcan potencialmente múltiples puestos oficiales y semioficiales dentro del sistema, los cuales trascienden los diversos campos del conocimiento especializado. Un político puede no haber sido jamás un tecnócrata o un profesionista, y un tecnócrata no requiere necesariamente un título profesional. En México, sin embargo, las diversas categorías están cada vez más entremezcladas.

Si bien los estudiosos de la burocracia conceden que los tecnócratas tienen poder, difieren en cuanto a la fuente de ese poder. Los datos de Suleiman sobre Francia no apoyan el argumento de que la tecnocracia es sinónimo de racionalidad, de que se basa en ligas educativas y de clases comunes o de que se caracteriza por un comportamiento homogéneo.[6] Merilee Grindle identifica a

[5] Lenard J. Cohen, "Partisans, Professionals, and Proletarians: Elite Change in Yugoslavia, 1952-1978", *Canadian Slavonic Papers,* **21** (4) pp. 458-459 (diciembre de 1979). El artículo de Cohen es una contribución a la discusión del síndrome de la élite dual en los sistemas comunistas, que consiste en la reunión de tecnócratas e ideólogos. El fenómeno análogo en México se refiere a la competencia y a la colaboración que se da entre los que siguen una carrera "política" y los que siguen una "administrativa". Ver Peter H. Smith, *Labyrinths of Power: Political Recruitment in Twentieth-Century Mexico,* Princeton: Princeton University Press, 1980, pp. 146, 207-208; y relativo al régimen de López Portillo, Roderic Ai Camp, "Political Recruitment and Change: Mexico in the 1970s", manuscrito inédito, Central College, Pella, Iowa, 1982.

[6] Ezra Suleiman, *Politics, Power, and Bureaucracy in France,* Princeton: Princeton University Press, 1974, p. 382.

los defensores académicos de los puntos de vista un tanto contrarios, los que sostienen que el poder del tecnócrata deriva de sus capacidades, o de sus superiores políticos, o que los tecnócratas en su conjunto son intrascendentes para la iniciación política.[7] En lo personal, Merilee Grindle considera que el tecnócrata mexicano exitoso combina "sus capacidades técnicas con un astuto discernimiento de la realidad y una gran habilidad política", y que resulta difícil distinguir con claridad entre el tecnócrata y el político.[8] Thomas Baylis, al estudiar a Alemania Democrática, hace una contribución significativa cuando señala que el poder de la intelectualidad técnica depende de su penetración de las realidades de poder en el sistema político y de la conciencia que tenga de su propio poder potencial.[9] Los profesionistas mexicanos, con excepción de los abogados, no se caracterizan por una misión tan específica.

El argumento de que las profesiones mexicanas (con excepción del derecho) se encuentran en estado de preconciencia queda ilustrado por su ferviente negación de una eficacia política. Los profesionistas en diversos campos dicen no tener una gran influencia en la planeación política, aun cuando un análisis objetivo mostrara paralelos entre los intereses profesionales y el perfil de las políticas gubernamentales. Sin duda, ciertas profesiones son más capaces que otras de guiar la definición de los problemas de política que les atañen y de abordarlos adecuadamente. De los campos examinados aquí, el

[7] Grindle, "Power, Expertise and the 'Técnico' ", pp. 414-416.

[8] Grindle, p. 421.

[9] Thomas A. Baylis, *The Technical Intelligentsia and the East German Elite: Legitimacy and Social Change in Mature Communism*, Berkeley: University of California Press, 1974, pp. 12-13.

poder político profesional corresponde, en orden decreciente, a leyes, economía, agronomía, medicina e ingeniería petrolera. Más aún, la complejidad y la poca transparencia del sistema político mexicano impiden determinar con precisión cuáles son las fuerzas que intervienen en la toma de decisiones importantes y da cierta credibilidad a las negativas de los profesionistas. Aun así, los profesionistas tienen más influencia de lo que están dispuestos a admitir inicialmente.

Los ingenieros petroleros son técnicos que trabajan con maquinaria sofisticada y con frecuencia en zonas aisladas de la mayor parte de la población mexicana. A medida que los años los alejan de sus días de universidad y que aumenta la participación en sus asociaciones profesionales, van reafirmando sus ideas acerca de cuáles son las políticas oficiales deseables para el sector de energía. Sin embargo, consideran que la influencia que ejercen en la planeación política es secundaria, limitada a las especificaciones y la ejecución de los proyectos. La política petrolera es decidida directamente por el presidente del país, quien recibe una cierta asesoría del director de PEMEX. Ambos tienen que dirigir su atención a problemas políticos y económicos de más peso, como por ejemplo la necesidad de usar el petróleo como fuente de ingresos presupuestarios y como parte de los planes de industrialización del país, para equilibrar la balanza de pagos, para tomar iniciativas de política exterior o como símbolo nacionalista.

Los médicos constituyen el grupo de profesionistas más numeroso en el sector público. Los médicos de base en las instituciones de salud pública están sometidos a fuertes presiones relacionadas con el número de pacientes que deben atender por hora. Consideran que la actual definición de productividad (entendida como una gran carga de pacientes) va en detrimento de la calidad de las relaciones médico-paciente y los induce a cometer errores ocasionales de diagnóstico o quirúrgicos. Si bien el servicio en las instituciones de salud pública suele ser adecuado, el nivel de satisfacción entre sus 20 mil médicos no parece ser muy alto. En algunos casos, como en el IMSS desde 1977, los médicos tienen que marcar tarjetas como en las fábricas al iniciar y al concluir sus labores.

Los médicos sienten que ejercen poca influencia, individual y colectiva, en el establecimiento de las políticas de salud pública, y con frecuencia se muestran cínicos al respecto. Consideran que su participación en la política de alto nivel es simbólica, limitada a concebir formas de atención al derechohabiente o a elaborar una lista de medicamentos genéricos, en lugar de poder determinar el nivel de recursos asignados a la medicina preventiva, consulta externa y atención en hospitales. Son los "políticos" los que, atendiendo a presiones externas y conciliando los intereses de los médicos, van decidiendo la política de salud pública.[10]

Los médicos citan como agentes determinantes de la política de salud pública a las compañías farmacéuticas (por medio de la promoción de sus medicamentos), a los contratistas del sector privado (que quieren construir más clínicas y hospitales), a los departamentos de

[10] Los médicos explican su enojo: "¿Ha tenido alguna importancia el médico en la política de salud pública? Categóricamente puedo decir que no. Como médico de la familia presidencial, sí, un médico tiene entonces poder político. Pero en la medicina institucionalizada, no. (. . .) ¿Quiénes son los médicos que logran intervenir en la política? ¿Son los más preparados? ¿O los que tienen buenos contactos con políticos o con el presidente? Evidentemente, la respuesta es la segunda". Entrevista núm. 12. (ver anexo).

compra de las instituciones de salud (que permiten la fuga de fondos del gobierno hacia particulares), a los asegurados bajo el sistema IMSS, ISSSTE, PEMEX (que insisten en monopolizar la medicina de calidad aun cuando representan una minoría) y, de vez en cuando, al Fondo Monetario Internacional (que presiona para que México gaste menos en servicios sociales para reducir el déficit presupuestario del sector público.[11]

Los agrónomos son especialistas en suelos, plagas, insectos, irrigación o semillas, y el Estado utiliza sus servicios en estas áreas. Los agrónomos aseguran que no han tenido una gran influencia política desde el gobierno de Plutarco Elías Calles (1924-1928). Señalan que la política de irrigación ha dominado históricamente el desarrollo agrícola mexicano, y que no se ha consultado a los agrónomos sobre dónde colocar las presas ni cómo distribuir el agua. Más aún, dicen que de haber tenido la oportunidad, los agrónomos hubieran auspiciado una reforma agraria diferente, con efectos menos nocivos en la distribución de la tierra y en la productividad agrícola. Los abogados y los economistas, no los agrónomos, son los que deciden el presupuesto agrícola anual. Los agrónomos afirman que los políticos aceptan sus puntos de vista siempre y cuando estén de acuerdo con su política básica y que su aportación está limitada a los detalles. El secretario de Agricultura, que rara vez es agrónomo, recurre a la asesoría profesional para asuntos meramente técnicos, y la influencia de los agrónomos queda confinada a estas esferas.[12]

[11] Entrevista núm. 15.

[12] Un maestro de tiempo completo e investigador en el campo expresó sus puntos de vista: "A veces los agrónomos dan su opinión, y ésta siempre es compatible con las políticas guber-

Si los agrónomos no determinan la política agrícola ¿quién lo hace? Los agrónomos dicen que los ingenieros civiles (que fueron útiles para la construcción de presas y canales de irrigación en los años cuarenta y cincuenta y que controlan la distribución del agua hasta la fecha), los grandes agricultores comerciales del noroeste y noreste del país (con frecuencia en alianza con los ingenieros civiles), los líderes de la Confederación Nacional Campesina en el Congreso (que manifiestan sus puntos de vista al presidente del país y al secretario de Agricultura), a BANRURAL (en la determinación de la política agrícola crediticia), a los gobernadores de estado (que defienden los esquemas agrícolas federales en sus estados) y a los consumidores (que prefieren unas clases de frijol o de maíz más que otras). Esta mezcla de intereses llevó a un agrónomo a exclamar: "No sé quiénes dirigen la política agrícola. Yo no los veo. Quizás no existen".[13] En lo que no se equivocaba, sin embargo, es que los que deciden la política agrícola no son agrónomos.

La mayor parte de los economistas en el gobierno se dedican a hacer análisis de costo-beneficio, diseño de proyectos, estudios de factibilidad, preparación de presupuestos y estudios contables, y proyecciones de las tendencias económicas. Esta actividad se basa en su preparación universitaria y se relaciona con la ejecución de las políticas. Los economistas de más antigüedad, empero, se unen al coro de sus colegas que se quejan de no tener prácticamente ninguna influencia en la iniciación

---

namentales. Que yo me acuerde, en los últimos treinta años, los agrónomos siempre han apoyado al gobierno y sólo a éste. Pero en cuanto a la posibilidad de discusión, simplemente no existe. No hay pleitos. Todo México es un paraíso. ¡Vaya! Éste es un país pacífico". Entrevista núm. 19.

[13] Entrevista núm. 19.

política. Los economistas sienten que, si bien pueden intervenir en la decisión de los aspectos técnicos de los problemas nacionales, las decisiones importantes se toman en la esfera política, donde "se ingiere el asunto, se digiere y se regurgita en forma de programa de gobierno".[14] Su campo de acción en la política económica aumenta en la medida en que aumentan los grupos sociales que presionan para hacer avanzar sus posiciones. La matriz de soluciones puede depender, más o menos, de consideraciones de índole económica. Sin embargo, los economistas consideran que esa aportación no tiene mayor peso en la conducción de la política económica. Aunque han logrado una mayor responsabilidad en asuntos económicos, las decisiones están en manos de políticos.

Para los puristas, los economistas designados para altos puestos no son economistas. Más bien se convierten en políticos con un relativo compromiso de promover decisiones basadas en criterios económicos. Incluso estos tecnócratas se encuentran en un segundo plano. A los profesionistas les gusta citar la famosa frase que se adjudica a Echeverría cuando Hugo B. Margain fue remplazado por López Portillo: "No tiene importancia quién sea el secretario de Hacienda; ¡soy yo el que manda!". Los políticos actúan como mediadores y moderan las presiones de los diversos grupos en la sociedad, incluidos los órganos oficiales representativos de los grupos empresariales (CONCAMIN, CANACINTRA), a los dirigentes obreros (de la CTM y el Congreso del Trabajo), a las corporaciones multinacionales y al presidente de la nación.

Los abogados del gobierno son en su gran mayoría administradores de bajo nivel. En la Secretaría de Gober-

[14] Entrevista núm. 8.

nación, actúan como gestores y aplican los reglamentos vigentes, en la Secretaría del Trabajo, actúan como conciliadores entre trabajadores y patrones, y en la Secretaría de la Reforma Agraria, manejan problemas relacionados con títulos de propiedad a fin de reducir el nivel de conflicto rural. Se vuelven expertos en conocimientos y ejercen su criterio sobre la base de cada caso concreto y no en función de una política general. Sin embargo, la impresión generalizada es que, una vez que alcanzan altos puestos, son gentes con poder. Aunque algunos abogados piensen que están perdiendo influencia, la mayoría forma parte del grupo que sigue teniendo confianza en el poder de la profesión.

> Si usted se pregunta qué influencia política tienen los abogados en México, la respuesta es 100 por ciento. Han tenido el monopolio de la dirección política del país desde 1946. (. . .) Hoy en día, los abogados en México ocupan las posiciones de Presidente, líder de la Cámara de Diputados y del senado, y presidente de la Suprema Corte. Así es que los abogados dirigen las tres ramas fundamentalmente del gobierno.[15]

El orgullo de los abogados se renueva constantemente mientras que prácticamente el resto de los profesionistas niega tener influencia alguna en la esfera política. Sin embargo, la modestia de los profesionistas no es convincente por dos razones. El curso que ha tomado la política gubernamental en los diferentes sectores ha favorecido muchas veces los intereses de elementos significativos dentro de cada profesión; de hecho, existen ejemplos de políticas adoptadas en razón de la interven-

[15] Entrevista núm. 37.

ción directa de individuos motivados por criterios profesionales.

Los ingenieros petroleros pueden sentir tal vez que no se les ha consultado sobre ciertos aspectos de las políticas de PEMEX, pero el alcance general de la acción petrolera ha colmado con mucho los intereses de los ingenieros. Los ingenieros petroleros han sido capacitados para encontrar y extraer petróleo. Antes de 1976, los procedimientos de concurso nacionalistas ayudaron a elevar su competencia técnica a un nivel internacional. La agresiva exploración y el desarrollo de campos petroleros, llevados a cabo después de 1976, permitieron la expresión plena de su *raison d'être*. El descontento de los médicos por la falta de participación directa en la política del sector salud ignora que las directrices actuales de la medicina pública favorecen los métodos biológicos basados en la prescripción de medicamentos, la especialización y las camas hospitalarias. Este enfoque complace las preferencias de la gran mayoría de los médicos que fueron educados dentro de esta escuela y que lo encuentran compatible con sus prácticas privadas y con sus relaciones con colegas extranjeros.

La agronomía y la economía se encuentran divididas entre los diversos enfoques descritos en el capítulo 2 para cada campo. Desde los años cuarenta, la política agrícola gubernamental ha favorecido la "modernización agrícola", orientación predominante en la profesión.[16] En el régimen de López Portillo se promulgaron dos leyes de política agrícola aparentemente contradictorias: la primera facilitaba la explotación comercial agropecua-

16 Ver Clark W. Reynolds, *The Mexican Economy: Twentieht-Century Structure and Growth*, New Haven: Yale University Press, 1970, pp. 89-160.

ria privada en tierras ejidales y la segunda apoyaba una distribución más equitativa del ingreso en el campo, el uso de las tierras agrícolas para granos básicos (maíz y frijoles) y normas nutricionales de mayor exigencia entre los consumidores.[17] Si bien la participación de los agrónomos en el diseño de la legislación fue esporádica, ambas preferencias correspondieron a las preferencias implícitas de cada grupo concernientes al futuro de la agricultura mexicana.[18]

La política económica prevaleciente durante la mayor parte de los gobiernos de López Portillo y de De la Madrid ha sido neoclásica. Los economistas nacionalistas o estatistas han permanecido en un segundo plano. La crisis de deuda internacional de 1982 exigió nuevos enfoques de política por razones tanto políticas como económicas. La nacionalización del sistema bancario pri-

17 Para una breve descripción de estas dos medidas, ver John J. Bailey, "Agrarian Reform in Mexico: The Quest for Self-Sufficiency", *Current History*, 80 (469) pp. 357-360 (noviembre de 1981).

18 La segunda política se denominó SAM. Uno de los agrónomos entrevistados había abogado durante años por que se adoptara una política similar al SAM; él y otro agrónomo fueron incluidos en un equipo legislativo formado por una docena de personas, principalmente economistas y abogados. Sin embargo, al discutir su papel en el mismo, previno: "Debe recordar que no intervinimos en el SAM como una profesión, sino como políticos. Éramos una pareja de (individuos) con inquietudes sociales. El debate sobre las medidas a adoptar muy pocas veces se relacionó con la profesión en sí" (entrevista núm. 26). Otro agrónomo prefirió "contar sus bendiciones en lugar de quejarse": "Tal vez fueron algunos licenciados y no los agrónomos los que formularon la política del SAM, (. . .) pero está bien. Si el señor Presidente dice que necesitamos el SAM, por una u otra razón, la situación de repente mejora. (. . .) Tiene usted el presupuesto, la gente y la autoridad" (entrevista núm. 18).

vado mexicano fue una acción defendida y ejecutada por economistas estatistas enteramente representativos de su grupo de pensamiento dentro de la profesión.[19]

Este último ejemplo es innecesario para poder concluir que la influencia característica que ejercen los profesionistas en la política consiste en: a) establecer una agenda nacional para debates de política), b) determinar la metodología de análisis, c) aportar datos pertinentes para la toma de decisiones, y d) aplicar su criterio en el proceso ejecución de políticas. El hecho de que algunos de ellos intervengan activamente en la política es una prueba suplementaria de su influencia en el sistema mexicano.

Los profesionistas como políticos

Otra forma de valorar el aumento de profesionistas en el gobierno es atender al nivel de concentración de los mismos en las instituciones del sector público. En 1970 se realizó en México un censo para la población en general, y en 1975 otro para las dependencias centralizadas y descentralizadas del sector público.[20] Los resultados de

[19] Carlos Tello, uno de los principales protagonistas en la nacionalización de la banca, había mantenido un contacto periódico con el presidente López Portillo después de su salida como secretario de Programación y Presupuesto. Él y algunos otros empezaron a planear la nacionalización de la banca (septiembre de 1982) en febrero del mismo año, de acuerdo con su libro *La nacionalización de la banca en México,* México, D.F.; Siglo XXI, 1984.

[20] México, Secretaría de Industria y Comercio, *IX Censo de la población 1970,* México: División General de Estadística, 1970; México, Comisión de Recursos Humanos del Gobierno Federal, *Censo de recursos humanos del sector público federal: administración central 1975,* México: Comisión de Recursos Humanos del Gobierno Federal, 1976, y *Censo de recursos huma-*

las encuestas fueron los siguientes: del porcentaje de personas que describieron sus ocupaciones como profesionales o técnicas, 5.65 % correspondió a la fuerza obrera en su conjunto, 34.3% a los empleados de dependencias centralizadas y 19.3 % a los empleados de las dependencias descentralizadas. Aunque los trabajadores del Estado (1.4 millones) representaron sólo 10.8% de la población económicamente activa en 1970, los profesionistas al servicio del sector público sumaron 52.8% de todos los profesionistas en el país.

Estos datos pueden desglosarse por especialidad. En el sector de gobierno centralizado, el cuadro profesional global puede ser ordenado por el porcentaje correspondiente a cada campo. Los abogados encabezaron la lista con 12.35% de todos los profesionistas, seguidos de los médicos (10.99%), los ingenieros civiles (10.69%), los contadores (9.64%), los ingenieros mecánico-electricistas (6.94%), los administradores públicos (6.92%), los economistas (4.83%) y los agrónomos (4.83%). Los ingenieros petroleros y los geólogos ocuparon el 29o. lugar de la lista de 33 profesiones y representaron 0.4% del grupo total.[21] En el sector descentralizado, los médicos fueron el grupo predominante (16.14%), seguidos de los contadores (13.79%), los ingenieros mecánico-electricistas (13.61%), los abogados (7.10%), los ingenieros civiles (6.64%), los administradores (6.52%), los ingenieros químicos (4.88%), los economistas (4.57%), los químicos y farmacobiólogos (3.69%), los ingenieros industriales (3.0%), los arquitectos (2.95%), los dentistas (2.49%),

nos del sector público federal: administración descentralizada y de participación estatal mayoritaria 1975, México: Comisión de Recursos Humanos del Gobierno Federal, 1976.

[21] Ver *Administración central* 1975, p. 67.

los agrónomos (2.25%) y los ingenieros petroleros y géologos (1.49%).[22]

Si bien la mayoría de estos "profesionistas y técnicos" (calificados así por ellos mismos) no llegó a recibirse, es posible concluir que el gobierno es la principal fuente de trabajo de los profesionistas en México, y que la incorporación de capacidades técnicas dentro del mismo es mayor año con año.[23] El cuadro 3 muestra el número total de médicos, abogados, economistas, agrónomos e ingenieros en extracción que trabajan tanto en el sector centralizado como en el descentralizado, e indica cuántos de ellos alcanzaron el título de licenciatura en 1975.

Tradicionalmente, los abogados han ocupado los puestos más altos en la toma de decisiones y han predominado en la élite política de México. Peter Smith encontró que los abogados representaron 44.4% de la máxima élite en el periodo comprendido entre 1900 y 1911, 37.8% desde 1917 a 1940 y 47.1% desde 1946 a 1971.[24] El candidato del PRI a la presidencia sale de estas filas, y los abogados se han adueñado prácticamente de esta posición puesto que el sistema político dejó de lado a los líderes militares en el régimen de Cárdenas. Ávila Camacho (1940-1946) fue el último militar que llegó a la presidencia; le sucedieron los abogados Miguel

22 Ver *Administración descentralizada y de participación estatal mayoritaria 1975*, p. 165.

23 El censo nacional de 1970 pregunta a los encuestados cuál fue el máximo grado alcanzado en la escuela. De los 821 000 que indicaron que habían llegado a nivel universitario (incluyendo a todos los que se describieron como profesionistas), 252 000 estudiaban todavía. Del grupo restante, 320 000 habían abandonado la universidad después del cuarto año de estudios o antes de obtener el título de licenciatura. Ver *IX Censo de la población 1970*, p. 25-26.

24 Smith, *Labyrinths of Power*, p. 88.

CUADRO 3

Profesionistas en el sector público, 1975

Profesiones	*Total de profesionistas*	*% de profesionistas que trabajan para el gobierno*	*Título de licenciatura*	*Sin título*
Medicina	19 050	13.4	14 750	4 300
Leyes	14 077	9.9	9 631	4 446
Economía	6 696	4.7	4 414	2 282
Agronomía	4 546	3.2	4 050	496
Ingeniería extractiva	1 191	0.8	1 013	178

Fuente: México, *Censo de recursos humanos del sector público federal. Administración central 1975*, México: Comisión de Recursos Humanos del Gobierno Federal, 1976, p. 60; México, *Censo de recursos humanos del sector público federal: administración decentralizada y de participación estatal mayoritaria 1975*, México: Comisión de Recursos Humanos del Gobierno Federal, 1976, p. 165.

Alemán (1946-1952), Adolfo López Mateos (1958-1964), Gustavo Díaz Ordaz (1964-1970), Luis Echeverría Álvarez (1970-1976), José López Portillo (1976-1982) y Miguel de la Madrid Hurtado (1982-1988).[25] Los primeros presidentes de esta lista tendieron a designar abogados para los puestos políticos. De 1917 a 1971, "dos de cada cinco abogados que ingresaban a la élite política tenían posibilidades de alcanzar la cúspide de la prominencia", lo que constituye un índice de éxito extraordinario.[26]

Sin embargo, esta tendencia se está modificando. El cuadro 4 muestra la erosión del predominio de los abogados en puestos del gabinete. Mientras que los abogados ocupaban 52.9% de esas posiciones a principios del gobierno de López Mateos, esta cifra decayó a 16.7% a finales del régimen de López Portillo. La ingeniería fue un campo totalmente desfavorecido durante este último régimen; a finales de su gobierno, los profesionistas no abogados eran economistas (4), científicos con doctorado (3), militares (2), maestros de escuela (2) y un solo médico, un agrónomo, un arquitecto y un contador.

Aunque los abogados parecieron resurgir en el gabinete inicial de De la Madrid, la cifra porcentual debe interpretarse con cuidado. Tres de los siete abogados nombrados eran funcionarios de administraciones previas cuya designación fortalecía el apoyo político a De la Madrid. Más aún, los niveles inferiores al gabinete fueron ocupados por una amplia gama de profesionales —administradores de empresas con maestría, contadores y licenciados en comunicación y en administración pública—, muchos

[25] Adolfo Ruiz Cortines, 1952-1958, no terminó sus estudios universitarios.

[26] Smith, *Labyrinths,* p. 119.

CUADRO 4

Desplazamiento de los abogados de puestos del gabinete, 1958-1982

	López Mateos		*Díaz Ordaz*		*Echeverría*		*López Portillo*		*De la Madrid*
Número de:	*1958*	*1964*	*1964*	*1970*	*1970*	*1976*	*1976*	*1982*	*1982*
Secretarías de Estado	17	18	18	18	18	19	18	18	19
Abogados	9	8	8	7	6	8	6	3	7
Ingenieros	1	2	3	5	4	5	0	0	1
Médicos	1	1	2	2	1	1	1	1	1
Militares	1	1	2	2	2	2	2	2	2
Otros profesionistas	3	4	3	2	4	3	8	11	8
No profesionistas	2	2	0	0	1	0	1	1	0
% de abogados	52.9	44.4	44.4	38.9	33.3	42.1	33.3	16.7	36.8

Nota: Las posiciones del gabinete incluyen a los titulares de las Secretarías de Gobernación, Relaciones Exteriores, Defensa, Marina, Hacienda, Programación y Presupuesto (a partir de 1976), de Industria y Comercio (a partir de 1976), Recursos Hidráulicos (hasta 1976), Agricultura, Comunicaciones y Transportes (a partir de 1958), Obras Públicas, Educación, Trabajo, Reforma Agraria, Turismo (a partir de 1974), Patrimonio Nacional (hasta 1976), Presidencia (hasta 1976), Pesca (a partir de 1982), así como la Procuraduría General de la República, el Sector Salud y el Departamento del Distrito Federal. La categoría de otros profesionistas incluye a los economistas, agrónomos, arquitectos, contadores, maestros de escuela, administradores de empresas con maestría y científicos en ciencias físicas y sociales.

Fuente: La mayor parte de la información biográfica incluida en este cuadro procede de Roderic A. Camp, *Mexican Political Biographies: 1935-1975*, Tucson: University of Arizona Press, 1976.

de los cuales se habían graduado en universidades privadas mexicanas y habían realizado estudios de posgrado en el extranjero. En este nivel jerárquico se encuentran los candidatos para la próxima generación de integrantes del gabinete.

Los abogados están alarmados por el desplazamiento que han sufrido. Si bien pueden aceptar que un economista encabece el Banco de México, no renuncian a sus derechos de propiedad sobre la Secretaría de Hacienda, que desempeña funciones tanto legales como financieras. Los abogados consideran que los médicos, los agrónomos y los economistas deberían circunscribir sus actividades al campo técnico y dejarles a ellos las responsabilidades de dirección. No debería permitirse que un cardiólogo, por ejemplo, se distrajera de salvar vidas para formular planes de salud, función para la que no está capacitado. De igual manera, un secretario de Estado no necesita ser experto en irrigación por goteo para planear la política agrícola.[27]

Son múltiples las razones de la creciente presencia de profesionales no abogados en el gabinete. El gran número de individuos con una formación profesional crea una composición multifacética de grupos de poder a los que el sistema político debe dar respuesta. La designación de agrónomos, maestros de escuela, médicos, economistas e ingenieros para altos puestos produce una impresión de eficacia y participación en segmentos del cuerpo

[27] Un abogado comentaba con decepción: "Los niveles medios de Programación y Presupuesto están llenos de economistas, pero ¿por qué? Apenas funcionan como economistas y se les ha convertido en contadores. (. . .) En cuanto a los contadores, el problema se reduce a la misma cuestión. Sabemos que pueden sumar y restar, pero ¿qué saben de medidas legales?" Entrevista núm. 35.

político que se apartan de la ideología unipartidista. El tecnócrata de alto nivel viene a ser una especie de diputado para los segmentos de la clase media alta en un sistema político donde la legislatura es un artificio democrático. Esta tendencia puede considerarse como una manifestación secundaria de la cooptación profesional, en contraste con el tipo de cooptación individual, que es más común e implica una ganancia material directa o indirecta.

Los abogados han depositado demasiada confianza en su educación "generalista" y en las camarillas como medio para mantenerse en los puestos clave, y han sido negligentes en la regulación de su propia corrupción. En consecuencia, su prestigio ha decaído entre otros grupos profesionales y entre las clases de la iniciativa privada. Los empresarios pueden sentirse satisfechos de que México no destine un elevado porcentaje del PNB al desarrollo de armamentos, pero también consideran que esta ventaja se anula dado que extraordinarias sumas de dinero se canalizan hacia el sector público y se pierden por la corrupción. Así, los abogados tienen cada vez menos defensores en la sociedad mexicana y han sido desplazados gradualmente de los puestos clave por otros profesionistas cuya reputación no es tan negativa.

La administración del Estado mexicano es cada vez más compleja y exige la presencia de personal con habilidades técnicas sofisticadas. Los individuos que dominan estas técnicas se han concentrado paulatinamente en diversas dependencias gubernamentales: los médicos en el sector salud, los agrónomos y especialistas en hidráulica en la Secretaría de Agricultura, y los ingenieros civiles y arquitectos en la Secretaría de Obras Públicas. En México, la carrera política es de tal naturaleza que las promociones internas a posiciones de mando dentro de cada sector son muy poco frecuentes. Sin embargo, designar a un profesionista con habilidades políticas para ocupar un puesto importante en el sector que corresponde a su formación específica, aumenta el nivel de competencia técnica del Estado y facilita las buenas relaciones con sus funcionarios.

Los profesionistas de áreas no jurídicas están mostrando más capacidad que los abogados en el desempeño de las tres funciones implícitas del Estado mexicano: simbología ideológica, crecimiento económico y control social. Los economistas proponen fórmulas para el saneamiento económico y acaparan la atención en los debates sobre cuestiones de nacionalismo. Los maestros de escuela son el medio para transmitir los símbolos de la identidad nacional a las nuevas generaciones de mexicanos en edad escolar (donde la mitad de la población tiene menos de 15 años de edad). Los maestros se encuentran en todo el territorio nacional, incluidas las zonas rurales y urbanas más pobres, que gozan de facilidades educativas cada vez mayores y donde los motivos de descontento social son, en términos objetivos, más reales. Las élites políticas reconocen que los militares son quienes harán valer, en última instancia, la paz social; en el pasado, desempeñaron fielmente su papel. Los defensores del sistema piensan que los militares deberían estar cerca del poder cuando se vuelva a requerir de sus servicios, lo que es probable que suceda.

La erosión del monopolio de los abogados sobre los puestos de alto nivel es un hecho. Sin embargo, es poco probable que esta tendencia modifique la forma en que el poder se ejerce en México. Tradicionalmente, la profesión de leyes se ha identificado con la política, y ésta con la ejecución de la ley. Hasta la fecha, el éxito de los abogados ha radicado en su habilidad de negociación, adaptación y persuación, así como en su capacidad para sintetizar las corrientes técnicas de los profesionistas en forma de acciones de gobierno integradas. El reto para otros profesionistas es el de imitar el éxito de los abogados en lugar de rechazarlo. De hecho, a medida que los profesionistas no jurídicos han ascendido en la escala jerárquica, han tendido a restar importancia a sus orígenes profesionales y a acentuar su habilidad política. Algunas otras profesiones, incluidas las basadas en premisas científicas, irán perfeccionando esta habilidad a medida que se acostumbren a desempeñarse en posiciones de poder.

En México, la consolidación del proyecto profesional implica la captura de las áreas correspondientes del aparato estatal, que pueden servir como baluarte para realizar operaciones defensivas y ofensivas. Entre las profesiones técnicas que aquí se estudian, sólo los economistas parecen haber ganado derechos de propiedad sobre el liderazgo de las instituciones de su campo, tales como el Banco de México, Nacional Financiera y las secretarías de Hacienda y de Patrimonio Nacional. Los médicos, los agrónomos y los ingenieros petroleros no han llegado a afianzar en forma significativa sus derechos sobre el liderazgo de las instituciones que corresponden a sus campos, tales como las instituciones de salud pública, la Secretaría de Agricultura y Recursos Hidráulicos y PEMEX. La ocupación de los puestos intermedios es el primer paso para infiltrarse en la burocracia y empezar a obtener logros políticos. Cuando el sistema político honre las aspiraciones de las profesiones y conceda puestos de importancia a sus integrantes, el proyecto estará cercano a su término. Sin embargo, el premio no está esperando a que alguien lo tome; los tecnócratas se enfrentan a la competencia de otros grupos de poder, como los empresarios, los obreros, los campesinos y los abogados mismos.

Tendencias profesionales en México

A la luz de estas consideraciones ¿cuáles son las tendencias que prevalecerán en la evolución de las profesiones en México, y cuáles representarán desviaciones de patrones pasados?

En primer lugar, a mediano plazo, el Estado mexicano continuará desempeñando un papel preponderante en el desarrollo de las profesiones. Las demandas de los grupos profesionales con posibilidades de ser validadas por el sistema político se limitarán a asuntos de trabajo de relativa importancia en las dependencias del gobierno (en especial en el caso de los médicos). A medida que los diferentes tipos de profesionistas vayan ocupando mejores posiciones en el sector público, la influencia política que ejercerán mediante el establecimiento de una agenda y su ejecución irá siendo más determinante. Con el tiempo, si logran consolidar sus derechos de propiedad sobre las dependencias gubernamentales, la orientación profesional se convertirá en un medio para que el Estado mexicano ejercite su autonomía relativa frente a los intereses de las clases poderosas de la sociedad civil.

En segundo lugar, aun cuando disminuya la "masificación" de la educación profesional, no desaparecerá por completo. La cohorte de profesionistas desempleados o mal preparados de universidades públicas seguirá creciendo. Los estudiantes académicamente calificados (sobre todo de las clases altas) buscarán (y encontrarán) rutas alternativas para su educación profesional, como las universidades privadas y estudios de posgrado en México o en el extranjero. Los patrones de exclusión dentro de las profesiones (que afectan ahora los campos de la economía y la medicina y algunas ramas de la ingeniería) se extenderán a otros campos, tales como la agronomía y la ingenería petrolera. Una minoría de estudiantes de extracción privilegiada será la que encuentre trabajos relacionados con su profesión, mientras que la mayoría dejará incompletos sus estudios y se ocupará en trabajos ajenos a su preparación. Los canales para conseguir empleos profesionales darán acceso a los egresados de universidades privadas, lo que reducirá aún más las posibilidades de los estudiantes pobres de las universidades públicas para encontrar cabida en el sistema. Las protestas por la falta de empleos profesionales, que hasta la fecha han sido prácticamente inexistentes, pueden convertirse en un problema de consideración en el futuro.

—En tercer lugar, las asociaciones profesionales formales continuarán siendo órganos poco eficaces para la expresión profesional, la función de solidaridad y la promoción de políticas. Los grupos informales paralelos, tales como las asociaciones de exalumnos, serán la principal fuente de protección y progreso para cada uno de sus integrantes. Estos subsistemas, con rasgos específicos en cada campo, tendrán un efecto estabilizador sobre la ansiedad profesional en la etapa de preconciencia. Los sindicatos de médicos dentro de las instituciones de salud céntrarán la atención profesional en problemas relacionados con el trabajo. Es poco probable que el Estado promueva la unificación de las instituciones de salud pública, en parte para evitar la aparición de un sindicato nacional de médicos, que representaría una formidable fuerza política. De manera similar, es poco probable que los ingenieros petroleros puedan desligarse pronto de su obligación de afiliarse al sindicato de trabajadores de PEMEX. Los altos funcionarios del sector seguirán temiendo la posibilidad de que una asociación profesional independiente llegue a tener el poder suficiente para interrumpir la producción petrolera, factor del que depende cada vez más la economía nacional. Las asociaciones profesionales en ese campo ofrecerán un medio de interacción social a los ingenieros petroleros más conscientes, pero es poco probable que estas agrupaciones promuevan propuestas de política que se opongan a las políticas gubernamentales relativas a la exploración, los precios y la exportación del petróleo.

En cuarto lugar, los valores nacionalistas característicos de algunas profesiones sufrirán un debilitamiento. Las nuevas generaciones de practicantes no estarán familiarizados ni socializados en los principios revolucionarios que impregnaron la agronomía, la economía y la ingeniería petrolera en sus inicios en México. Estas nociones parecerán cada vez más anacrónicas y extrañas. Las técnicas internacionales dominarán aún más los diversos campos, y las metodologías originadas en el país tendrán dificultades para competir y probar su pertinencia y eficacia. Es posible que la mayor incidencia de estudios de posgrado en el extranjero surta un efecto contrario y disminuya la capacidad de los profesionistas de utilizar su preparación para problemas exclusivos de México. Asimismo, después de una era de tecnocracia, los abogados pueden descubrir que sus enfoques para la solución de problemas son revaluados, y que son solicitados de nuevo para formular políticas sensibles y adecuadas para el desarrollo mexicano. A fin de desempeñar su papel, los abogados y otros profesionistas tendrán que ayudar a redefinir el concepto de revolución mexicana.

En quinto lugar, es posible que la jerarquización actual del prestigio de las profesiones se mantenga inalterada o sufra tan sólo algunos ajustes. En principio, el prestigio y la ilusión de elevados ingresos que se asocian con las ocupaciones profesionales continuarán atrayendo a un gran número de estudiantes a las universidades. Los mexicanos serán más capaces de distinguir entre las diversas especialidades profesionales, incluso las más nuevas, y juzgarán su valor según su contribución a la sociedad. Los líderes de la profesión de leyes querrán evaluar el descenso de su reputación en la sociedad mexicana y tratarán de restaurar su imagen. Los abogados conscientes tendrán que hacer frente finalmente a la cuestión de la corrupción, aunque las dificultades para erradicarla o siquiera atenuarla serán enormes, dada su función de cooptación.

En el caso de los médicos, existe actualmente una gran discrepancia entre su prestigio y su poder político. Si bien el Estado no permitirá la unificación de los médicos, es probable que aumente el número de médicos que ocupan altas posiciones en el gobierno como una medida para contrarrestar el resentimiento de los mismos por la poca influencia política que ejercen. La incongruencia de *status* afecta también a los agrónomos, que cuentan con una preparación sofisticada y tienen múltiples oportunidades de empleo (por lo menos hasta la fecha). Incluso si se considera la posibilidad de un cambio inusitado en sus perspectivas (como podría ser el caso de un agrónomo destacado que llegara a ser un presidente hábil y popular), los demás profesionistas continuarían con sus actitudes condescendientes hacia los agrónomos.

El prestigio de los economistas parece ir en aumento, pese a su preparación poco uniforme, a su número excesivo y a la duda permanente acerca de su habilidad para conducir la economía del país. Aun cuando consoliden su dominio en las dependencias gubernamentales de su competencia, es probable que su prestigio siga creciendo. Sin embargo, no puede decirse tampoco que la competencia entre los profesionistas por el prestigio y los ingresos sea tal que pueda someter a este segmento de la élite mexicana a severos desacuerdos y disidencias. El Estado mexicano, con su estructura piramidal y su sistema de eslabonamientos de clientela, parece ser muy sólido en su cima.[28]

En sexto lugar, el nivel de competencia profesional de los militares crece año con año. Las nuevas generaciones de funcionarios militares no sólo están entrenados en el uso de material de guerra, sino que cuentan con una formación en planeación económica, ingeniería, historia y sociología. La milicia es una fuerza opacada en la sociedad mexicana y no cuenta con un gran número de integrantes; aun así, dispone de la organización de los recursos y de la unidad que no tienen otros grupos profesionales.[29] Además, la milicia ansía un mayor *status* después de varias décadas de ostracismo. Si la continuidad política se viera interrumpida, los militares pasarían al centro del escenario político y los perdedores serían (entre otros) los abogados-políticos; tal vez la influencia de los abogados se vea más amenazada por los militares que por los economistas, los ingenieros o los médicos.

La diferenciación gradual y el pluralismo son rasgos constantes de la sociedad mexicana y se reflejan en parte en el desarrollo de las profesiones modernas. El sistema político ajusta continuamente sus métodos de control

28 Para un tratamiento imaginativo de este tema, ver Larissa Lomnitz, "Horizontal and Vertical Relations and the Social Structure of Urban Mexico", *Latin American Research Review*, 17 (2) pp. 51-74 (1982).

29 La bibliografía existente sobre la milicia mexicana es escasa. Ver Jorge A. Lozano, *El ejército mexicano*, México: El Colegio de México, 1976, y David F. Ronfeldt, "The Mexican Army and Political Order since 1940", en James W. Wilkie *et al.* (comps.), *Contemporary Mexico*, Berkeley: University of California Press, 1976, pp. 317-336. Esta falta de estudios acerca de la milicia mexicana representa una de las lagunas más importantes en la literatura sobre la sociedad mexicana.

social y de incorporación para dar respuesta a las nuevas demandas y justificar las nuevas contingencias. No hay motivos para predecir que la profesionalización introducirá cambios significativos en las formas de comportamiento del Estado y del sistema de clases.[30] En el futuro cercano, los profesionistas tendrán que contribuir al logro de las metas del Estado en la forma en que éste lo determine. El principal reto de las profesiones es convertirse en una parte más consistente del Estado, lo que ayudará a moldear su evolución futura en función de los intereses profesionales. Así, la profesionalización servirá para reforzar los patrones políticos de México y no para marcar el inicio de formas de organización social, actividades de grupos con intereses propios y políticas gubernamentales que sean radicalmente nuevas.

Las profesiones y el Estado

Las ciencias sociales han sugerido modelos alternativos para los países latinoamericanos, pero sólo han propuesto un modelo de profesiones. El propósito de esta obra no ha sido formular una teoría nueva y sistemática del surgimiento de las profesiones. Sin embargo, es evidente que muchas de las características de las profesiones en las sociedades capitalistas liberales (que son básicamente las que describe la teoría actual) no existen en México ni en otros países de América Latina.

El desarrollo profesional está determinado por la historia política y social. En los sistemas capitalistas liberales, los orígenes nacionalistas de las profesiones han sido

30 Guillermo Villaseñor García analiza las profesiones y el sistema de clases en "Una visión estructural de la institución profesional", *Revista del Centro de Estudios Educativos,* 8 (3) pp. 137-162 (1978).

gradualmente suplantados por metodologías técnicas y científicas que intensifican el reclamo de las profesiones a la universalidad, aun cuando sus enfoques y sus conocimientos de base sigan teniendo una relación estrecha con la sociedad en que se desarrollan. El sistema político opera de acuerdo con la noción de "ir equilibrando intereses" y la búsqueda de objetivos estrechos o unilatelares se considera normal. Las grandes universidades se muestran recelosas para mantener sus normas de calidad y evitar la inscripción masiva de estudiantes. Los profesionistas y los grupos profesionales articulan constantemente alternativas de política, sin considerar demasiado las posibles represalias. Sus recomendaciones se originan en sus propios intereses, pero con frecuencia saben justificarlas como necesarias para el bienestar social.

Las diferencias sobresalientes entre las sociedades latinoamericanas y los sistemas de Inglaterra y Estados Unidos se refieren a la expresión del nacionalismo, al papel moderno de la universidad y a la evolución de las relaciones entre la sociedad y el Estado. Los profesionistas de muchos países latinoamericanos están sujetos a tensiones de tipo nacionalismo *versus* internacionalismo. Las profesiones en los países industrializados han sido capaces de manifestar su influencia a través de la capacitación, el intercambio y los resultados de investigaciones; atraen a muchos de los profesionistas más talentosos de los países pobres, de concentrar su creatividad en asuntos exclusivamente nacionales. Los nacionalistas de la misma profesión tratan en su país de desacreditar a sus compatriotas internacionalistas, ya sea por defender sus principios o para sacar ventaja en la sociedad que los rodea. Esta competencia debilita aún más la cohesión interna de las profesiones y prolonga su proyecto de consolidación nacional.

El sistema universitario nacional es un actor clave en el proceso. Su influencia en la orientación de las profesiones depende de su ubicación a lo largo de dos dimensiones: inscripciones masivas *versus* inscripciones elitistas y enseñanza nacionalista *versus* enseñanza internacionalista. En el siglo XIX, la educación en las sociedades capitalistas liberales se distinguió por sus tendencias elitistas y nacionalistas. El programa de estudios se enfocaba hacia los problemas nacionales y la inscripción de estudiantes era limitada. En contraste, el patrón típico de muchas universidades latinoamericanas en los años sesenta y setenta consistió en un enfoque masivo e internacionalista en las ciencias físicas y profesiones técnicas, y en un enfoque masivo y nacionalista en las ciencias sociales y en humanidades. El cuerpo de conocimientos base de campos como la biología y la medicina, por ejemplo, tendía a ser importado, arcaico y sin mucha relación con los problemas nacionales. Por el contrario, en economía, las actividades de las clases de estudio se orientaban a la interpretación marxista y poco rigurosa de los problemas nacionales, y en derecho, a la memorización formalista de la jurispruedencia del país. La masificación derivó en debilitamiento de los criterios de excelencia. Esa disminución de la calidad produjo una reacción en algunos países, notoriamente en Chile, lo que dio por resultado un énfasis en la educación elitista e internacionalista en las universidades privadas, pero fueron pocos los estudiantes que tuvieron acceso a los programas académicos universitarios, inspirados en los principales centros de enseñanza del mundo y poco relacionados con sus propias sociedades.

Por lo general, las universidades latinoamericanas no han procurado estructurar la enseñanza y la investigación profesionales a partir de referencias nacionalistas; y luego restringir el ingreso aceptando sólo a los estudiantes preuniversitarios más calificados. La forma de ofrecer una enseñanza adecuada y elevar las normas de calidad consistiría en proporcionar una educación nacionalista, al tanto de las corrientes internacionales pero no sujeta a las mismas, en insistir en la calidad académica y ajustar el número de graduados al de los empleados disponibles. Sin embargo, restringir el ingreso a la universidad eliminaría una importante función social de varios sistemas universitarios (e indirectamente de las profesiones mismas), ya que alertaría a las juventudes de los sectores populares acerca de la falta de realismo de sus aspiraciones de movilidad social.

Las organizaciones profesionales parecen surgir en concordancia con las formas que tiene la sociedad de satisfacer las necesidades de protección mutua, del avance de las carreras profesionales y de la obtención de ingresos económicos. Si la región o la etnicidad originan la lealtad primaria de los individuos, las alianzas profesionales son el siguiente paso. Si los nexos escolares o los contactos de clase social subsisten, la asociación profesional "real" reflejará esas fuerzas. Muy pocas veces habrá condiciones propicias para que los cuerpos profesionales organicen estructuras formales relativamente impersonales, orientadas hacia la consecución de metas y al resguardo de intereses de grupo que a la vez defiendan los objetivos a largo plazo de la comunidad.

Los atributos de las profesiones en las sociedades capitalistas liberales contribuyen a la prosperidad de las clases y de la nación en su conjunto, por lo que resultan un eficaz instrumento de apoyo para la estructura de clases. Estas características se modificarían si las profesiones no aumentaran la acumulación económica, y no perdurarían mucho si se opusieran a la lógica del sistema político. Los rasgos del profesionalismo en México descritos en esta obra, por ejemplo, ayudan a mantener un orden social armonioso que favorece antes que nada los intereses de las élites económicas, sociales y políticas. En el análisis del papel de los profesionistas en cualquier país, es importante valorar las relaciones de poder prevalecientes en la sociedad y ubicar a los profesionistas dentro de las mismas. Si bien las normas de excelencia y la responsabilidad social pueden ser más acentuadas en los profesionistas que en otros grupos ocupacionales, lo cierto es que establecen invariablemente un tácito acuerdo con la estructura de poder existente, en la que pueden representar una forma de conciencia o un agente de cambio, pero casi nunca una fuerza revolucionaria. En este sentido, la "autonomía" profesional es relativa. Los grupos profesionales estables son un reflejo del sistema social. Sólo en tiempos de crisis o durante la formación deliberada de una identidad nacional podrá esperarse que los profesionistas adopten una perspectiva realmente divergente de los patrones establecidos.

Muchos países se caracterizan por la fuerza de su sector gubernamental. En la medida en que un Estado sea hegemónico, la autonomía profesional se verá cercenada y los profesionistas estarán sujetos a las demandas del Estado. Sin embargo, los profesionistas pueden encontrar un aliciente en el hecho de que el gobierno los acapare para trabajar en el sector público. En la burocracia, tienen la oportunidad de moldear las condiciones que generan el ingreso, los privilegios y el prestigio. El profesionista no busca una autonomía individual con respecto a su patrón o su cliente. En cambio, el proceso administrativo logra una autonomía colectiva para todos sus profesionistas por medio de la política burocrática en el aparato estatal. La autonomía se caracteriza por la interacción y colaboración con otros profesionistas para realizar tareas sociales que han sido definidas por el propio grupo (por ejemplo, el diseño y la ejecución de un plan de obras públicas), e implica el ejercicio del criterio profesional en cuanto al reclutamiento y la promoción. A diferencia de un sistema liberal ideal, donde el Estado concede a las profesiones el monopolio de las actividades ocupacionales en el mercado de trabajo, los sistemas estatales confieren directamente los privilegios a las profesiones en virtud de su inserción dentro de la escala profesional del sistema administrativo.[31] En cuanto al prestigio, las barreras burocráticas evitan que las imperfecciones profesionales salgan a la luz pública. Los líderes profesionales pueden proyectar con más facilidad una imagen integrada de competencia, responsabilidad social y sólidas normas éticas, y reforzar así el *status* de la profesión en la sociedad. Sin embargo, esas tareas no alcanzan su término hasta que la profesión ha consolidado su posición en el aparato estatal.

El liderazgo profesional enfrenta en todo sistema social el reto de articular una interpretación histórica del papel de las profesiones y de establecer las normas deseables de su comportamiento. Estos conceptos tienen más éxito cuando se basan en nociones tales como servicio a la sociedad, ética profesional y criterios de excelencia que, de manera carismática, se ajusten a los rasgos característicos de la nación. Para perseverar y progresar, las profesiones deben contemplar finalmente la creación de un baluarte de organización que les permita operar con mayor libertad. Sin embargo, la explicación última de la

31 Estos privilegios pueden incluir menos horas de trabajo, estudio independiente, préstamos a bajo interés, bienes de consumo subsidiados, pensiones generosas y vacaciones a bajo costo.

subsistencia de algunas profesiones radica en que algunas ocupaciones han demostrado en forma definitiva que su contribución a la sociedad rebasa la compensación de sus miembros en términos de prestigio, autoridad e ingresos. El pacto entre las profesiones y la sociedad está sujeto a constante revisión, tiene alcances estrictamente temporales y corre el riesgo de quedar anulado cuando traiciona la confianza que lo sustenta o cuando agota su utilidad. Los profesionistas deben vigilar continuamente su contribución al mejoramiento social para que su imagen se aproxime a los mitos que propagan.

Anexo

COMENTARIO SOBRE LAS ENTREVISTAS

Parte de la investigación para este libro se llevó a cabo mediante entrevistas realizadas a las élites profesionales de cada uno de los campos que aquí se estudian. El autor compiló una lista de los posibles entrevistados en cada campo, estableció contacto con ellos por teléfono y solicitó una cita para discutir sobre sus profesiones. Sólo en un caso se negó o no se respetó la cita. En las entrevistas se investigó sobre la historia de las profesiones, el papel de la educación universitaria, las asociaciones profesionales, las variables de prestigio, el poder político y la política gubernamental, y se solicitó a los entrevistados que recomendaran a otras personas para hablar con ellas. Se les prometió que sus comentarios, de ser incluidos, permanecerían en el anonimato, y que la información confidencial no se atribuiría a ellos. Se les entregó una copia de la entrevista con una carta de agradecimiento. Los entrevistados revisaron el texto y en algunos casos hicieron correcciones menores. A continuación se enlistan las 46 entrevistas formales entre 43 profesionistas que contribuyeron a la investigación.

Número	Fecha	Duración de la entrevista (minutos)	Afiliación u ocupación del entrevistado
1	Junio de 1978	45	Economista, investigador del sector público.
2	Octubre de 1978	120	Economista, institución académica, ex funcionario de gobierno.
3	Enero de 1981	15	Economista, institución académica.
4	Enero de 1981	80	Médico, investigador del sector público.
5	Enero de 1981	120	Economista, institución académica de participación estatal.
6	Enero de 1981	60	Economista, institución académica privada.
7	Enero de 1981	60	Economista, institución académica de participación estatal.
8	Enero de 1981	60	Economista, dependencia gubernamental.
9	Enero de 1981	45	Economista, dependencia gubernamental (ex presidente del Colegio).
10	Enero de 1981	60	Economista, dependencia gubernamental.
11	Enero de 1981	50	Médico, institución académica.
12	Enero de 1981	65	Médico, investigador del sector público (ex presidente de la Academia).
13	Febrero de 1981	55	Economista, institución académica.
14	Febrero de 1981	75	Médico, retirado de la práctica privada.
15	Febrero de 1981	75	Médico institución académica.

(*Continúa cuadro*)

16	Febrero de 1981	85	Médico, institución pública y práctica privada (ex presidente de la Academia).
17	Febrero de 1981	30	Agrónomo, puesto polí-co en el sector público.
18	Febrero de 1981	70	Agrónomo, dependencia gubernamental.
19	Febrero de 1981	55	Agrónomo, institución académica.
20	Febrero de 1981	105	Agrónomo, institución académica.
21	Febrero de 1981	50	Agrónomo, institución financiera del sector público.
22	Febrero de 1981	65	Agrónomo, institución de investigación del sector público.
23	Febrero de 1981	130	Agrónomo, funcionario retirado del sector público.
24	Marzo de 1981	45	Agrónomo, banco del sector privado.
25	Marzo de 1981	30	Ingeniero químico, IMP.
26	Marzo de 1981	45	Agrónomo, puesto polí-co en el sector público.
27	Marzo de 1981	70	Ingeniero petrolero, PEMEX.
28	Marzo de 1981	70	Ingeniero petrolero, institución académica.
29	Marzo de 1981	45	Ingeniero petrolero, institución académica.
30	Marzo de 1981	65	Ingeniero petrolero, funcionario retirado de PEMEX.
31	Marzo de 1981	65	Ingeniero petrolero, sector público e institución académica.

(*Continúa cuadro*)

32	Marzo de 1981	135	Ingeniero petrolero, PEMEX (ex presidente de la Asociación).
33	Marzo de 1981	105	Ingeniero petrolero, funcionario retirado de PEMEX.
34	Abril de 1981	40	Abogado, institución académica.
35	Abril de 1981	75	Abogado, dependencia gubernamental.
36	Abril de 1981	30	Abogado, dependencia gubernamental.
37	Junio de 1981	60	Abogado, institución académica.
38	Junio de 1981	30	Médico, institución pública y práctica privada (ex presidente de la Academia).
39	Abril de 1982	45	Arquitecto, independiente e institución académica.
40	Abril de 1982	30	Ingeniero civil, sector público.
41	Abril de 1982	35	Ingeniero civil, sector público.
42	Abril de 1982	30	Arquitecto, independiente e institución académica.
43	Mayo de 1982	30	Ingeniero petrolero, sector público.
44	Junio de 1982	20	Ingeniero petrolero, sector público.
45	Junio de 1982	60	Abogado, dependencia gubernamental.
46	Junio de 1982	50	Ingeniero civil, sector público.

BIBLIOGRAFÍA

Libros, monografías y tesis

Alanís Patiño, Emilio *et al.*, *Los agrónomos mexicanos: información histórica,* México: Ateneo Nacional Agronómico, 1954.

Alcázar Ávila, Marco Antonio, *Las agrupaciones patronales en México,* México: El Colegio de México, 1977.

Arriola, Carlos, *Los empresarios y el Estado,* México: Fondo de Cultura Económica, 1981.

Barkin, David, *Desarrollo regional y reorganización campesina,* México: Nueva Imagen, 1978.

Baylis, Thomas A., *The Technical Intelligentsia and the East German Elite: Legitimacy and Social Change in Mature Communism*, Berkeley: University of California Press, 1974.

Benveniste, Guy, *Bureaucracy and National Planning: A Sociological Case Study in México,* Nueva York: Praeger, 1970.

Berger, Suzanne, *The French Political System,* Nueva York: Random House, 1974.

Bermúdez, Antonio J., *The Mexican National Petroleum Industry: A Case Study in Nationalization,* Stanford: Institute of Hispanic American and Luso-Brazilian Studies, Universidad de Stanford, 1963.

Berthoud, Richard, *Unemployed Professionals and Executives*, Londres: Policy Studies Institute, núm. 582, mayo de 1979.

Blair, Roger D., y Stephen Rubin (comps.), *Regulating the Professions: A Public Policy Symposium*, Lexington: D.C. Heath and Company, 1980.

Blau, Peter M. y Otis Dudley Duncan (comps.), *The American Occupational Structure*, Nueva York: John Wiley and Sons, 1967.

Boreham, Paul, Alex Pemberton y Paul Wilson (comps.), *The Professions in Australia: A Critical Appraisal*, St. Lucia: University of Queensland Press, 1976.

Brothers, Dwight S. y Leopoldo Solís, *Mexican Financial Development*, Austin: University of Texas Press, 1966.

Camp, Roderic Ai, *Education and the State in Twentieth Century Mexico*, documento sin publicar, Central College, Pella, Iowa, 1983.

———————,*The Role of "Técnicos" in Policy Making in Mexico: A Comparative Study of Developing Bureaucracy*, tesis de doctorado, Universidad de Arizona, 1970.

———————, *Mexico's Leaders: Their Education and Recruitment*, Tucson: The University of Arizona Press, 1980.

———————, *La formación de un gobernante: la socialización de los líderes políticos en el México posrevolucionario*, México: Siglo XXI, 1981.

———————, *Mexican Political Biographies 1935-1975*, Tucson: University of Arizona Press, 1976.

Cardoso, Fernando Henrique, *Autoritarismo e democratizaçao*, Rio de Janeiro: Editora Paz e Tierra, 1975.

Carmona, Fernando *et. al.*, *El milagro mexicano*, México: Editorial Nuestro Tiempo, 1970.

Carr-Saunders, Alexander Morris y P.A. Wilson, *The Professions,* Londres: Oxford University Press, 1933.

Cerny, Philip G. y Martin A. Schain (comps.), *French Politics and Public Policy,* Nueva York: St. Martins Press, 1980.

Chalmers, Douglas A. (comps.), *Changing Latin America: New Interpretations of its Politics and Society,* Nueva York: Academy of Political Science, 1972.

Chávez, Ignacio, *México en la cultura médica,* México: El Colegio Nacional, 1947.

Churchwood, L.G., *The Soviet Intelligentsia,* Londres: Routledge and Kegan Paul, 1973.

Cleaves, Peter S., *Bureaucratic Politics and Administration in Chile,* Berkeley: University of California Press, 1974.

——————, y Martin J. Scurrah, *Agriculture, Bureaucracy, and Military Government in Peru,* Ithaca, Nueva York: Cornell University Press, 1980.

Collier, David (comp.), *The New Authoritarianism in Latin America,* Princeton: Princeton University Press, 1979.

Collins, Randall, *The Credential Society: An Historical Sociology of Education and Stratification,* Nueva York: Academic Press, 1979.

Córdova, Arnaldo, *La ideología de la revolución mexicana,* México: Editorial Era, 1973.

Cosío Villegas, Daniel, *El sistema político mexicano,* México: Joaquín Mortiz, 1976.

Derossi, Flavia, *El empresario mexicano,* México: UNAM, 1977.

DeWitt, Nicolas, *Education and Professional Employment int the U.S.S.R., Washington, D.C.:* Government Printing Office, 1961.

Dingwell, Robert, y Philip Lewis (comps.), *The Sociolo-*

gy of the Professions: Lawyers, Doctors, and Others, Nueva York: St. Martins Press, 1982.

Dubey, Satyamita M., *Social Mobility among the Professions: Study of the Professions in a Transitional Indian City*, Bombay: Popular Prakashan, 1975.

Elliot, Philip R.C., *Sociología de las profesiones*, Madrid: Editorial Tecnos, 1972.

Esquivel Obregón, Toribio, *Apuntes para la historia del derecho en México*, México: Publicidad y Ediciones, 1943.

Fábrega, Jr., Horacio, *Disease and Social Behavior: An Interdisciplinary Perspective*, Cambridge: MIT Press, 1974.

Fernández y Fernández, Ramón, *Chapingo hace cincuenta años*, Chapingo: Colegio de Postgraduados, Escuela Nacional de Agricultura, 1976.

Flores de la Peña, Horacio, *Los obstáculos al desarrollo económico (el desequilibrio fundamental)*, tesis de doctorado, México: Escuela Nacional de Economía, Universidad Nacional Autónoma de México, 1955.

Freidson, Eliot, *Professional Dominance: The Social Structure of Medical Care*, Nueva York: Atherton Press, 1970.

——————(comp.), *The Professions and their Prospects*, Beverley Hills, California: Sage Publications, 1973.

—————— y Judith Lorber (comps.), *Medical Men and their Work*, Chicago: Aldine-Atherton, 1972.

Freyre Rubio, Javier, *Las organizaciones sindicales, obreras y burocráticas contemporáneas en México*, México, D.F., Universidad Autónoma Metropolitana-Azcapotzalco, 1983.

Gilb, Corrine Lathrop, *Hidden Hierarchies: The Profes-*

sions and Government. Nueva York: Harper and Row, 1967.

Glade, William P. y Charles W. Anderson, *The Political Economy of Mexico*, Madison: University of Wisconsin Press, 1963.

Godau, Rainer, *Estado y acero: historia política de Las Truchas*, México, D.F.: El Colegio de México, 1982.

Goldthorpe, John H. y Kenneth Hope, *The Social Grading of Occupations: A New Approach and Scale*, Oxford: Clarendon Press, 1974.

Gómez Tagle, Silvia, *Insurgencia y democracia en los sindicatos electricistas*, México, D.F.: El Colegio de México, 1980.

González Casanova, Pablo, y Enrique Florescano (comps.), *México Hoy*, México: Siglo XXI, 1979.

Goodman, David y Michael Redclift, *From Peasant to Proletarian: Capitalist Development and Agrarian Transitions*, Oxford: Basil Blackwell, 1981.

Gouldner, Alvin W., *The Future of Intellectuals and the Rise of New Class*, Nueva York: Continuum, 1979.

Grayson, George W., *The Politics of Mexican Oil*, Pittsburgh: University of Pittsburgh Press, 1980.

Greenberg, Martin Harry, *Bureaucracy and Development: A Mexican Case Study*, Lexington: Heath and Company, 1970.

Grindle, Merilee S., *Bureaucrats, Politicians, and Peasants in Mexico*, Berkeley: University of California Press, 1977.

Gross, Ronald y Paul Osterman (comps.), *The New Professionals*, Nueva York: Simon and Schuster, 1972.

Gvishian, D.M., S.R. Mikulinsky y S.A. Kugel, *The Scientific Intelligentsia in the USSR (Structure and*

Dynamics of Personnnel), traductora: Jane Sayers, Moscú: Progress Publishers, 1976.

Guitian, C.C., *Las porras: estudio de caso de un grupo de presión universitario*, tesis de licenciatura, Escuela de Ciencias Sociales, UNAM, 1975.

Hall, Richard H., *Occupations and the Social Structure*, Englewood Cliffs, Nueva Jersey: Prentice-Hall, 1969.

Hansen, Roger D., *La política del desarrollo mexicano*, México: Siglo XXI, 1971.

Hargrove, Erwin C., *Professional Roles in Society and Government: The English Case*, Beverly Hills: Sage, 1972.

Heraud, Brian, *Sociology in the Professions*, Londres: Open Books, 1979.

Hughes, Everett C. *et al.*, *Education for the Professions of Medicine, Law, Theology, and Social Welfare*, Nueva York: McGraw-Hill, 1973.

d'Hugues, Philippe, y Michel Peshier, *Les professions en France: évolution et perspectives*, París: Presses Universitaires de France, 1969.

Ilchman, Warren F. y Norman T. Uphoff, *The Political Economy of Change*, Berkeley: University of California Press, 1969.

Illich, Ivan, *Medical Nemesis: The Expropriation of Health*, Nueva York: Pantheon Books, 1976.

——————— *et al.*, *The Disabling Professions*, Londres: Marion Boyers and Burns and MacEachern, 1977.

Iszaevich, Abraham, *Modernización campesina*, México: Ediciones Casa Chata, 1976.

Jackson, J.A. (comp.), *Professions and Professionalization*, Cambridge: Cambridge University Press, 1970.

Jacob, Herbert, *German Administration since Bismarck:*

Central Authority versus Local Autonomy, New Haven: Yale University Press, 1963.

Johnson, Terence J., *Professions and Power*, Londres: Macmillan, 1972.

——————— y Marjorie Caygill, *Community in the Making: Aspects of Britain's Role in the Development of Professional Education in the Commonwealth*, Londres: Universidad de Londres, Institute of Commonwealth Studies, 1972.

Kaufman, Martin, *Homeopathy in America: The Rise and Fall of a Medical Heresy*, Baltimore: Johns Hopkins University Press, 1971.

Kelly, Isabel T., *Folk Practices in North Mexico: Birth Customs, Folk Medicine, and Spiritualism in the Laguna Zone*, Austin: University of Texas Press, 1965.

Kett, Joseph, *The Formation of the American Medical Profession*, New Haven: Yale University Press, 1968.

Kleingarter, Archie, *Professionalism and Salaried Worker Organization*, Madison: Industrial Relations Research Institute, 1967.

Konrad, Gyorgy, e Iván Szeleney, *The Intellectuals on the Road to Class Power*, traductores: Andrew Arato y Richard E. Allen, Nueva York: Harcourt Brace Jovanovich, 1979.

Koslow, Lawrenche E. Koslow (comp.), *The Future of Mexico*, Tempe: Arizona State University, 1977.

Lajous Vargas, Adrián, *Aspectos de la educación superior y el empleo de profesionistas en México, 1959-1967*, tesis de licenciatura, Escuela Nacional de Economía, Universidad Nacional Autónoma de México, 1967.

Lambert, Nicolas, *The Technical Intelligentsia and the Soviet State*, Nueva York: Holmes and Meier, 1979.

Larson, Magali Sarfatti, *The Rise of Professionalism: A*

Sociological Analysis, Berkeley: University of California Press, 1977.

Latapí, Pablo, *Análisis de un sexenio de la educación en México: 1970-1976*, México, D.F.: Nueva Imagen, 1981.

LaVopa, Anthony J., *Prussian School Teachers: Profession and Office, 1763-1848*, Chapel Hill, Carolina del Norte: University of North Carolina Press, 1980.

Levy, Daniel C., *University and Government in Mexico: Autonomy in an Authoritarian System*, Nueva York: Praeger, 1980.

López Zamora, Emilio, *El agua, la tierra, los hombres de México*, México: Fondo de Cultura Económica, 1977.

Lozoya, Jorge A., *El ejército mexicano*, México, D.F: El colegio de México, 1976.

Mabrey, Donald J., *The Mexican University and the State: Student Conflict 1910-1971*, College Station, Texas: Texas A & M Press, 1981.

Maier, Joseph y Richard W. Weatherhead (comps.), *The Latin American University*, Albuquerque: University of New Mexico Press, 1979.

Malloy, James M. (comp.), *Authoritarianism and Corporatism in Latin America*, Pittsburgh: Pittsburgh University Press, 1977.

Meyer, Lorenzo, *México y los Estados Unidos en el conflicto petrolero, 1917-1932*, México: El Colegio de México, 1968.

Meynard, Jean, *La Techonocratie*, París: Payot, 1964.

Miller, Richard V., *The Role of Labor Organization in a Developing Country: The Case of Mexico*, tesis de doctorado, Universidad de Cornell, 1964.

Millerson, Geoffrey, *The Qualifying Associations: A Study in Professionalization*, Londres: Routledge and Kegan Paul, 1964.

Moore, Wilbert E., *The Professions: Roles and Rules,* Nueva York: Russell Sage Foundation, 1970.
Ocampo V., Tarsicio (comp.), *México: socialización de la medicina 1965,* Cuernavaca: Centro Intercultural de Documentación CIDOD, Exp. 18, 1968.
O'Donnell, Guillermo, *Modernization and Bureaucratic Authoritarianism,* Berkeley: Institute of International Studies, Universidad de California, 1973.
Orive Alba, Adolfo, *La irrigación en México,* México, D.F.: Editorial Grijalva, 1970.
Pike, Fredrick B. y Thomas Stritch (comps.), *The New Corporatism: Social Political Structures in the Iberian World,* Notre Dame: University of Notre Dame Press, 1974.
Ramírez, Axel, *Bibliografía comentada de la medicina tradicional mexicana (1900-1978),* México, D.F.: Instituto Mexicano para el Estudio de las Plantas Medicinales, 1978.
Reyna, José Luis *et al.*, *Tres estudios sobre el movimiento obrero en México,* Jornadas 80, México, D.F.: El Colegio de México, 1976.
Reynolds, Clark W., *The Mexican Economy: Twentieth Century Structure and Growth,* New Haven: Yale University Press, 1970.
Rodríguez Sala de Gomezgil, María Luisa, *El científico en México: su imagen entre los estudiantes de enseñanza media,* México: UNAM, 1977.
Rueschemeyer, Dietrich, *Lawyers and their Society: A Comparative Study of the Legal Profession in Germany and in the United States,* Cambridge, Massachusetts: Harvard University Press, 1973.
Schendel, Gordon *et al.*, *Medicine in Mexico: From Aztec Herbs to Betatrons,* Austin: University of Texas Press, 1968.

Sepúlveda, Bernardo (comp.), *Seminario sobre educación superior: ponencias,* México, D.F.: Colegio Nacional, 1979.

Silvert, Kalman H., *The Conflict Society: Reaction and Revolution in Latin America,* New Orleans: The Hauser Press, 1961.

Simpson, Eyler N., *The Ejido: Mexico's Way Out,* Chapel Hill: University of North Carolina Press, 1937.

Skilling, H. Gordon y Franklin Griffiths (comps.), *Interest Groups in Soviet Politics,* Princeton: Princeton University Press, 1971.

Smith, Peter H., *Labyrinths of Power: Political Recruitment in Twentieth-Century Mexico,* Princeton: Princeton University Press, 1979.

Starr, Paul, *The Social Transformation of American Medicine,* Nueva York: Basic Books, 1983.

Stepan, Alfred, *The State and Society: Peru in Comparative Perspective,* Princeton: Princeton University Press, 1978.

Stevens, Evelyn P., *Protest and Response in Mexico,* Cambridge, Massachusetts: MIT Press, 1974.

Stevens, Rosemary, *American Medicine and the Public Interest,* New Haven: Yale University Press, 1971.

Storey, Robert Gerald, *Professionald Leadership,* Pasadena, California: Castle Press, 1958.

Suleiman, Ezra N., *Politics, Power, and Bureaucracy in France: The Administrative Elite,* Princeton: Princeton University Press, 1974.

Tecla Jiménez, Alfredo, *Universidad, burguesía y proletariado,* México, D.F.: Ediciones de Cultura Popular, 1976.

Tello, Carlos, *La política económica en México, 1970-1976,* México: Siglo XXI, 1979.

——————, *La nacionalización de la banca en México*, México, D.F.: Siglo XXI, 1984.
Treiman, Donald J., *Occupational Prestige in Comparative Perspective*, Nueva York: Academic Press, 1977.
Véliz, Claudio, *The Centralist Tradition of Latin America*, Princeton: Princeton University Press, 1979.
Vernon, Raymond, *The Dilemma of Mexico's Development: The Roles of the Private and Public Sectors*, Cambridge: Harvard University Press, 1963.
(comp.), *Public Policy and Private Enterprise in Mexico*, Cambridge: Harvard University Press, 1964.
Viesca Treviño, Carlos (comp.), *Estudios sobre la etnobotánica y antropología médica*, 3 vols., México, D.F.: Centro de Estudios Económicos y Sociales del Tercer Mundo, 1976.
Villarreal, René (comp.), *Economía internacional II. Teorías del imperialismo, la dependencia y su evidencia histórica*, México: Fondo de Cultura Económica, 1979.
Vollmer, Howard M. y Donald L. Mills (comps.), *Professionalization*, Englewood Cliffs, New Jersey: Prentice-Hall, 1966.
Wallerstein, Immanuel, *The Modern World System: Capitalist Agriculture and the Origins of the European World-Economy in the Sixteenth Century*, Nueva York: Academic Press, 1974.
Yates, P. Lamartine, *Mexico's Agricultural Dilemma*, Tucson: University of Arizona Press, 1981.

Artículos

Anderson, Bo y James D. Cockcroft, "Control and Cooptation in Mexican Politics", *International Journal of Comparative Sociology*, 7, pp. 11-28 (marzo de 1966).

Atkinson, Paul, Margaret Reid y Peter Sheldrake, "*Medical Mystique*", *Sociology of Work and Occupations,* **4** (3) pp. 242-280 (agosto de 1977).

Avendaño, José Luis y Pablo A. Cabanas, "Bastiones de tiempo libre", *Nexos,* **2** (18) pp. 13-23 (junio de 1979).

Bailey, John F., "Agrarian Reform in Mexico: The Quest for Self-Sufficiency", *Current History,* **80** (469) pp. 357-260 (noviembre de 1981).

Barber, Bernard, "Some Problems in the Sociology of Professions", *Daedalus,* **92** (4) pp. 669-688 (otoño de 1963).

Barnes, L.W.C.S., "The Changing Stance of the Professional Employee", *Research Series,* **29** (1975), Industrial Relations Centre, Queen's University at Kingston, pp. 1-24.

Barr, Judith K. y Charles E. Barr, "The Structure of the Dental Profession and the Use of Auxiliaries in Latin America", *Social Science and Medicine,* **14A** (2) pp. 107-111 (marzo de 1980).

Bartra, Armando, "Colectivización o proletarización: el caso del Plan Chontalpa", *Cuadernos Agrarios,* **1** (4) pp. 56-111 (octubre-diciembre de 1976).

Brooke, Nigel, "Actitudes de los empleadores mexicanos respecto a la educación: ¿un test de la teoría del capital humano?", *Revista del Centro de Estudios Educativos,* **8** (4) pp. 109-132 (1978).

Cabrera, Lucio A., "History of the Mexican Judiciary", *Miami Law Quarterly,* **439** (verano de 1957).

Camacho, Manuel, "Control sobre el movimiento obrero en México", *Foro Internacional,* **16** (4) pp. 496-525 (abril-junio de 1976).

del Camino, Isidoro y Jorge Muñoz B., "La enseñanza

profesional en México en 1970", *Revista del Centro de Estudios Educativos*, **2** (3) pp. 125-165 (1972).

Camp, Roderic Ai, "La educación de la élite política mexicana", *Revista Mexicana de Sociología*, **43** (1) pp. 421-454 (enero-marzo de 1981).

—————, "The Mexican Presidential Nomination Process: Changes and Portent for the Future", documento sin publicar, Central College, Pella, Iowa, 1982.

—————, The Middle-Level Technocrat in Mexico", *Journal of Developing Areas*, **6** (4) pp. 571-582 (julio de 1972).

—————, "The National School of Economics and Public Life in México", *Latin American Research Review*, **10** (3) pp. 137-153 (otoño de 1975).

—————, "Political Recruitment and Change: Mexico in the 1970s", documento sin publicar, Central College, Pella, Iowa, 1982.

—————, "El sistema mexicano y las decisiones sobre el personal político", *Foro Internacional*, **17** (1) pp. 51-83 (julio-septiembre de 1976).

—————, "The Technocrat in Mexico", documento sin publicar, Pella, Iowa, 1982.

—————, "Women and Political Leadership in Mexico: A Comparative Study of Female and Male Political Elites", *Journal of Politics*, **41** (2) pp. 417-441 (mayo de 1979).

Cervera, Eduardo, "La enseñanza de la ingeniería petrolera en la Universidad Nacional Autónoma de México", documento presentado en el Congreso Panamericano de Ingeniería Petrolera, invierno en 1979.

Coatsworth, John, "Los orígenes del autoritarismo

moderno en México", *Foro Internacional*, **16**, pp. 205-232 (octubre-diciembre de 1975).

Cogan, Morris L., "Toward the Definition of a Profession", *Harvard Educational Review*, **23**, pp. 33-50 (invierno de 1953).

Cohen, Lenard J., "Partisans, Professionals, and Proletarians: Elite Change in Yugoslavia 1952-78", *Canadian Slavonic Papers* **21** (4) pp. 446-478 (diciembre de 1979).

Collier, David, "Industrial Modernization and Political Change: A Latin American Perspective", *World Politic*, **30** (4) pp. 593-614 (julio de 1978).

————————, "Timing of Economic Growth and Regime Characteristics in Latin America", *Comparative Politics* 7 (3) pp. 331-359 (abril de 1975).

Drysdale, Robert S., "The Legacy of Echeverria: What México's President Inherited", *Worldview*, pp. 36-42 (noviembre de 1977).

Esteva, Gustavo, "¿Y si los campesinos existen?", *Comercio Exterior*, **28** (6) pp. 699-732 (junio de 1978).

Fernández Lozano, María Teresa, "La formación de economistas en México", *El Economista Mexicano*, **12** (3) pp. 21-26 (mayo-junio de 1978).

Field, Mark, "Taming a Profession: Early Phases of Soviet Socialized Medicine", *Bulletin of the New York Academy of Medicine*, **48** (1972).

Fielding, A.G. y D. Portwood, "Professions and the State – Towards a Typology of Bureaucratic Professions", *Sociological Review*, **28** (1) pp. 23-53 (febrero de 1980).

Freidson, Elliot, "The Changing Nature of Professsional Control", *Annual Review of Sociology*, **10** (1984).

Frankenberg, Ronald, "Allopathic Medicine, Profession, and Capitalist Ideology in India", *Social Science and Medicine*, **15A** (2) pp. 115-125 (1981).

Garfield, Richard, "Nursing, Health Care and Professionalism in Cuba", *Social Sciences and Medicine,* **15A** (1) pp. 63-72 (enero de 1981).

Godau, Rainer y Viviane B. de Márquez, "Estado mexicano y desarrollo industrial", documento sin publicar, El Colegio de Mexico, octubre de 1979.

Gómez, Víctor Manuel, "Educación superior, mercado de trabajo y práctica profesional: análisis comparativo de diversos estudios en México", documento sin publicar, Centro de Estudios Sociales y Económicos del Tercer Mundo, agosto de 1982.

Grindle, Merilee S., "Power, Expertise and the 'Técnico': Suggestions from a Mexican Case Study", *Journal of Politics,* **39** (2) pp. 399-426 (mayo de 1977).

Gurrieri, Adolfo, "El progreso técnico y sus frutos: la idea de desarrollo en la obra de Raúl Prebisch", *Comercio Exterior,* **31** (212) pp. 1350-1356 (diciembre de 1981).

Gyarmati K., Gabriel, "The Doctrine of the Professions: Basis of a Power Structure", *International Social Science Journal,* **27** (4) pp. 630-654 (1975).

Handelman, Howard, "Organized Labor in Mexico: Oligarchy and Dissent", *American Universities Field Staff Reports,* **18** (1979).

Honey V., Eduardo, "Los procesos sociales mexicanos y su relación con los servicios profesionales", documento sin publicar, Prospectiva Universitaria, México, 1978.

Jamous, H. y B. Pelaille, "Professions or Self-Perpetuating System? Changes in the French University-Hospital System", en J.A. Jackson (comp.), *Professions and Professionalization,* pp. 109-152.

Johnson, Terence C., "What is to be Known? The

Structural Determination of Social Class", *Economy and Society*, **6** (2) pp. 194-233 (mayo de 1977).

Kelly, Guillermo, "Politics and Administration in Mexico: Recruitment and Promotion of the Politico-Administrative Class", Institute of Latin American Studies, Universidad de Texas en Austin, *Technical Paper Series*, **33**, pp. 1-16 (1981).

Klegon, Douglas, "The Sociology of Professions: A Emerging Perspective", *Sociology of Work and Occupations*, **5** (3) pp. 259-283 (agosto de 1978).

Kuisel, R.F., "Technocrats and Public Economic Policy: From the Third to the Fourth Republic", *Journal of European Economic History*, **2** (1) (primavera de 1973).

Labastida Martín del Campo, Julio, "La crisis y la tregua (México, 1976-1977), I", *Nexos*, **2** (21) pp. 3-9. (septiembre de 1979).

—————————, "Proceso político y dependencia en México, 1979-1976", *Revista Mexicana de Sociología*, **39** (1) (enero-marzo de 1977).

Latapí, Pablo, "Profesiones y Sociedad", documento sin publicar, México: Prospectiva Universitaria, 1982.

Lomnitz, Larissa, "Conflict and Mediation in a Latin American University", *Journal of Interamerican Studies and World Affairs*, **19** (3) pp. 315-338 (agosto de 1977).

—————————, "The Exercise of Power in a Latin American University", documento preparado para el Simposio Burg Wartenstein núm. 84, Werner Gren Foundation, Nueva York, julio de 1980.

—————————, "Horizontal and Vertical Relations and the Social Structure of Urban Mexico", *Latin American Research Review*, **17** (2) pp. 51-74 (1982).

Márquez, Viviane, "Estructura del sector público de la

salud en México: problemas y perspectivas", documento presentado en el Quinto Congreso de Trabajo Social, México, 2 al 4 de abril de 1981.

Middlebrook, Kevin, "State Structure and Labor Participation in Mexico", documento presentado en la 7a. reunión de la Asociación de Estudios Latinoamericanos, Houston, Texas, 2 al 5 de noviembre de 1977.

Murphy, Terence D., "The French Medical Profession's Perception of its Social Function between 1776 and 1830", *Medical History*, **23** (2) pp. 259-278 (julio de 1979).

O'Donnell, Guillermo A., "Corporatism and the Question of the State", en James Malloy (comp.), *Authoritarianism and Corporatism in Latin America*, Pittsburgh: University of Pittsburgh Press, pp. 47-89 (1977).

Oszlak, Óscar, "Notas críticas para una teoría de la burocracia estatal", *Revista Mexicana de Sociología*, **60** (30) pp. 881-926 (julio-septiembre, 1978).

Oyebola, D.D.O., "Professional Association, Ethics and Discipline among Yoruba Traditional Healers of Nigeria", *Social Sciences and Medicine*, **15B** (2) pp. 87-92 (1981).

Parsons, Talcott, "Professions", en David L. Sills (comp.), *International Encyclopedia of the Social Sciences*, Nueva York: Crowell Collier and Macmillan, 1968, pp. 536-547.

Pérez Correa, Fernando, "La universidad: contradicciones y perspectivas", *Foro Internacional*, **55** (14:3) pp. 375-401 (enero-mayo de 1974).

Purcell, Susan Kaufman y John F.H. Purcell, "State and Society in Mexico: Must a Stable Polity be Institutionalized?", *World Politics*, **32** (2) pp. 194-227 (enero de 1980).

Redclift, Michael R., "El estado frente al campo", *Nexos,* **47**, pp. 11-16 (noviembre de 1981).

Reynaga Obregón, Sonia y Jesús Suaste Aguirre, "Educación superior y empleo", documento sin publicar presentado en el Foro sobre Educación y Sociedad, Jalapa, México, 7 al 9 de mayo de 1981.

Ridley, F.F., "French Technocracy and Comparative Government", *Political Studies,* **14** (febrero de 1966).

Rodríguez Forero, Jaime, "El concepto de masificación: su importancia y perspectivas para el análisis de la educación superior", *Fichas* (Buenos Aires), 1978.

Rosenblueth, Ingrid, "Dependencia tecnológica e involución profesional: la industria y la ingeniería química en México", *Relaciones: Estudios de Historia y Sociedad,* **I** (1) pp. 35-90 (invierno de 1980).

Roxborough, Ian y Francisco Zapata, "Algunas notas sobre el sindicalismo en México", *Diálogos,* **84** (noviembre-diciembre de 1978).

Rueschemeyer, Dietrich, "Doctors and Lawyers: A Comment on the Theory of the Professions", *The Canadian Review of Sociology and Anthropology,* **1** (1) pp. 17-30 (febrero de 1964).

Schmitter, Philippe C., "Paths to Political Development in Latin America", en Douglas A. Chalmers (comp.) *Changing Latin America,* pp. 83-109.

—————————, "Still the Century of Corporatism?" en Fredrick B.Pike y Thomas Stritch (comps.), *The New Corporatism,* pp. 85-131.

Simoni, Joseph y Richard A. Ball, "The Mexican Medical Huckster: He must be Doing Something Right", *Sociology of Work and Occupations,* **4** (3) pp. 343-365 (agosto de 1977).

Vice Acosta, Cynthia, "Conacyt: 26000 Study Grants", *R&D México,* **2** (1) pp. 47-48 (octubre de 1981).

Villaseñor García, Guillermo, "Una visión estructural de la institución profesional" *Revista del Centro de Estudios Educativos,* 8 (3) pp. 137-162 (1978).

Wiarda, Howard J., "Toward a Framework for the Study of Political Change in the Iberic-Latin Tradition: The Corporative Model", *World Politics,* **25** (2) pp. 206-235 (enero de 1973).

Wilensky, Harold L., "The Professionalization of Everyone?", *The American Journal of Sociology,* **70** (2) pp. 137-158 (septiembre de 1964).

Wilkerson, S. Jeffrey K., "Occupational Prestige in Mexico as Perceived by College Students", *Human Mosaic,* 2, pp. 56-64 (otoño de 1967).

Wionczek, Miguel S., "La aportación de la política hidráulica entre 1925 y 1970 a la actual crisis agrícola mexicana", *Comercio Exterior,* **32** (4) pp. 394-409 (abril de 1982).

Publicaciones oficiales

Asociación Mexicana de Educación Agrícola Superior, *Información General,* México, D.F. AMEAS, 1980.

México, Comisión de Recursos Humanos del Gobierno Federal, *Censo de recursos humanos del sector público federal: administración central 1975,* México, D.F.: Comisión de Recursos Humanos del Gobierno Federal, 1976.

———, ———, *Censo de recursos humanos del sector público federal: administración descentralizada y de participación estatal mayoritaria 1975,* México, D.F.: Comisión de Recursos Humanos del Gobierno Federal, 1976.

———, *La ciencia y la tecnología en el sector medicina y salud: diagnóstico y política,* México, D.F.: CONACYT, 1976.

———, Secretaría de Educación Pública, *Ley de profesiones (reformas)*, México: Dirección General de Información, 1974.

———, Secretaría de Industria y Comercio, *Anuario Estadístico, 1975-1976*, México: Dirección General de Estadística, 1977.

———, ———, *IX Censo general de población, 1970*, México: División General de Estadística, 1970.

———, Secretaría de Patrimonio Nacional, *Memoria de Labores: 1 septiembre de 1975 – 30 agosto de 1976*, México: Dirección General de Difusión, 1976.

———, Secretaría de Programación y Presupuesto, *La industria petrolera en México*, México: Coordinación General del Sistema Nacional de Información, 1979.

———, ———, *El papel del sector público en la economía mexicana (versión preliminar)*, México: Coordinación General del Sistema Nacional de Información, abril de 1979, volúmenes 1 y 2.

Provincia de Quebec, *The Evolution of Professionalism in Quebec*, Ciudad de Quebec: Office des Profession, 1976.

Unión de Universidades de América Latina, *Censo Universitario Latinoamericano, 1966-1969*, México: UDUAL, 1971.

Naciones Unidas, *Statistical Yearbook*, Nueva York: Naciones Unidas, 1972-1982.

Universidad Nacional Autónoma de México, *Anuario Estadístico, 1970-1980*, Ciudad de México, Secretaría General de Servicios Auxiliares, 1978.

Weil, Thomas E. *et al.*, *Area Handbook for Mexico*, Washington: U.S. Government Printing Office, 1975.

Este facsimilar de
Las profesiones y el Estado: el caso de México
es propiedad de El Colegio de México
y se terminó de imprimir en Librántida bajo
el modelo de distribución bajo demanda.
www.librantida.com

Made in United States
Cleveland, OH
05 November 2026

47664313R10147